Friedrich Glasl

Das Unternehmen der Zukunft

PRAXIS ANTHROPOSOPHIE 34

Praxis Anthroposophie – Dialoge, Initiativen, Entwürfe
Taschenbücher, die die Welt nicht nur als bestehende erfassen, sondern sie auch vorausdenkend weiterentwickeln möchten.

Über dieses Buch: Die sogenannte «zweite Revolution in der Autoindustrie» und die Diskussion um das «schlanke Unternehmen» hat neue Organisationsformen hervorgebracht, die nicht nur für das Wirtschaftsleben von weitreichender Bedeutung sind. Friedrich Glasl macht im vorliegenden Buch deutlich, daß sich hier Veränderungen vollziehen, die uns alle auch in unserer Bewußtseinslage betreffen. Die gesellschaftlichen Umbrüche erfordern vom Einzelnen die Fähigkeit der moralischen Intuition, um in Zeiten zunehmender Orientierungslosigkeit nicht nur selbstbewußt, sondern in Übereinstimmung mit anderen Menschen und der Umwelt «assoziativ» handeln zu können.

Über den Autor: 1941 in Wien geboren, erlernte Friedrich Glasl den Beruf des Schriftsetzers und studierte danach Politische Wissenschaften (Universität Wien), 1967 mit der Dissertation zur internationalen Konfliktverhütung zum Dr. rer. pol. promoviert. Berufstätig für die UNESCO, in der Stadtverwaltung Linz/Donau, in Druckereien und Verlagen und als Regieassistent eines Kellertheaters. 1966 Emigration nach Holland, wo er 1967 – 1985 am NPI-Institut für Organisationsentwicklung (gegründet von Bernard Lievegoed) in der Unternehmensberatung und Forschung und Lehre tätig war. 1983 Habilitation für Organisationswissenschaft (Universität Wuppertal), 1985 Rückkehr nach Österreich (Salzburg), Mitbegründer der «Trigon Entwicklungsberatung» und Dozent für Organisationsentwicklung (Universität Salzburg). Neben der wissenschaftlichen und beratenden Tätigkeit ist er auch mit Gedichten und Hörspielen (2. Preis des internationalen UNDA-Wettbewerbes für religiöse Hörspiele) an die Öffentlichkeit getreten und betreibt mit seiner Frau ein Marionettentheater. Er ist Vater von zwei Töchtern und einem Sohn.

FRIEDRICH GLASL

Das Unternehmen der Zukunft

Moralische Intuition
in der Gestaltung von Organisationen

VERLAG FREIES GEISTESLEBEN

ISBN 3-7725-1234-8

2. Auflage 1999
Verlag Freies Geistesleben
Landhausstraße 82, 70190 Stuttgart
Internet: www.geistesleben.com

© 1994 Verlag Freies Geistesleben & Urachhaus GmbH, Stuttgart
Umschlag: Walter Schneider unter Verwendung einer auf Satellitendaten
beruhenden Darstellung der von Menschen hervorgerufenen
Infrarotemissionen auf der Erdoberfläche. (DMSP-OLS)
Druck: Clausen & Bosse, Leck

Inhalt

Vorbemerkung des Verlages

Die nachstehenden Ausführungen beruhen auf zwei Vorträgen, die der Autor im Rahmen zweier Veranstaltungen des Verlages Freies Geistesleben im Herbst 1993 und im Frühjahr 1994 (aus Anlaß des 100jährigen Erscheinens der *Philosophie der Freiheit* Rudolf Steiners) gehalten hat. Sie wurden vom Autor für den Druck überarbeitet.

Dieses Buch bringt neben den Vorträgen auch drei poetische Texte aus dem dichterischen Schaffen von Friedrich Glasl: «Archaisches Mysterium», «Chronik des Turmbaus zu Babel» und «Der Fliegende Holländer», weil sie in einem thematischen Zusammenhang mit den Gedanken der Vorträge stehen.

ARCHAISCHES MYSTERIUM

Pharaonen und Papyruswälder
mußten fallen;
aus den verborgenen Händen des Nils
nährt sich noch immer die Sphinx.

Das Unternehmen der Zukunft

Einleitung

Das Thema «Das Unternehmen der Zukunft» fand ich als Organisationswissenschaftler und praktischer Unternehmensberater eine schöne Herausforderung. Als Berater für Unternehmen bin ich ja ständig beschäftigt, nicht fürs Vergangene, sondern für die Bewältigung der kommenden Aufgaben zu beraten. Die Zukunftsorientierung macht ja sowieso den Kern der Beratung aus. Ich habe das Thema gerne aufgegriffen, um etwas tiefer zu schauen: In welcher Zeit leben wir? Was bewegt sich um uns herum und mit uns und in uns? Was bedeutet das für die Gestaltung von Unternehmungen, von staatlichen Verwaltungen oder kirchlichen Institutionen, Schulen usw.? – Was bewegt sich da? Was wird gefordert von Menschen, damit sie mit der Institution, in der sie leben und mit der sie arbeiten, den Aufgaben gerecht werden können und nicht Anachronismen produzieren, also die Lösungen von gestern ins Heute reindrücken? Mein Bild der Dinge, die uns in den nächsten Dezennien beschäftigen werden, ist ein Bild von tiefgreifenden Strukturänderungen. Was wir durch den Fall der Berliner Mauer, die Öffnung des Ostens und die Änderungen der Wirtschaftssysteme und politischen Systeme beobachten und als Zeitgenossen mitspüren – das ist ein Beginn (siehe F. Glasl 1992). Ich teile also nicht den Optimismus, daß es in der nächsten Zeit nach einer kurzen Turbulenz auf ruhigem Höhenflug, Flughöhe 11000 m oder so, einfach wieder weitergeht; ich denke, daß diese Strukturänderungen, die wir jetzt in Europa spüren, auch etwas zu tun haben mit den Spannungen Ost-West, Reich-Arm, mit den Problemen, die wir selbst mitverursacht haben, wir und unsere Väter und Mütter und unsere Großeltern-Generationen, und daß wir das jetzt zurückbekommen, was da geschaffen worden ist. Diese Strukturänderungen bedeuten, daß die Führungskräfte in der Wirtschaft und Verwaltung, in der Politik oder im kulturellen Leben wenig äußeren Halt mehr finden werden, sondern daß sie vielmehr einer Art neuer Feuer- und Luftprobe ausgesetzt sind. Und entscheidend ist, ob sie *inneren* Halt finden, ob sie eine Orientierung in sich haben, denn die Orientierung an dem, was im Umfeld geschieht, ist schwierig.

Es wird also in der nächsten Zeit darauf ankommen, an der Orientierungsfähigkeit der Führungspersönlichkeiten und Mitarbeiterinnen und Mitarbeiter ganz bewußt zu arbeiten. Orientierung zu haben bedeutet Visionen zu haben, daß ich über die vordergründigen Erschütterungen, Turbulenzen, Verschiebungen hinaus wirklich einen Blick und einen Zugang habe zu dem Neuen, was da hinter den Turbulenzen, hinter all dem, was zusammenbricht und vergeht, auch noch am Kommen ist.

Was ich für den Beginn hier anspreche, werde ich am Ende wieder aufgreifen, wenn ich frage: Was bedeutet das in Bezug auf Fähigkeiten von Menschen, die wirtschaften, von Menschen, die politisch oder kulturell gestalterisch tätig sind? In dem Buch «Dynamische Unternehmensentwicklung» (1993) habe ich zusammen mit Bernard Lievegoed dargestellt, wie sich eine Organisation durch mehrere Phasen hindurch entwickeln kann. Ich möchte diese Entwicklung, diese Evolution in Institutionen, in Unternehmungen und sonstigen Organisationen in den Hauptcharakteristiken einmal darstellen. Dann werde ich auf die Menschen schauen, was das für sie bedeutet und wie das auch mit der menschlichen Entwicklung in Verbindung gebracht werden kann.

Zunächst werde ich die Kerncharakteristika der Evolution von Institutionen in vier Phasen skizzieren, dann gehe ich näher darauf ein. Wir brauchen zum Verstehen des Unternehmens der Zukunft das Bild der ganzen Entwicklung, um zu erkennen, was mit der Unternehmensgründung oder Schulgründung oder Krankenhausgründung am Beginn in die Welt gesetzt wird und eine Gemeinschaft bildet, die ein bestimmtes Gepräge hat.

1. Pionierphase	2. Differenzierungsphase	3. Integrationsphase	4. Assoziationsphase
Unternehmen als große Familie oder Stamm	Unternehmen als konstruierter Apparat	Unternehmen als lebendiger Organismus	Unternehmen als profiliertes Glied im Biotop
Personifizierung bis Personenkult, Helden, Götter, Sagen, Legenden	materielle Symbole, Verankerungsmittel im Vordergrund, Rituale	bewußt reflektierte und gestaltete Kultur, Symbolhandlungen, immaterielle, materielle und personale Symbole	bewußte Pflege der Kultur, Kulturdialog im Unternehmens-Biotop

Abb. 1: Die Metaphern der vier Entwicklungsphasen. Aus Glasl/Lievegoed 1993, S. 124

Ich verwende für die erste Phase, die «Pionierphase», gern die Metapher: «Das Unternehmen als Verschwörergruppe oder Familie». Sehen Sie sich das an, was in Familien passiert – egal, ob die Mutter oder der Vater das bestimmende Elternteil ist –, was da in den Beziehungen geschieht, wie das Familienleben rund um die Individualitäten, die Besonderheiten, die Begabungen sowie die Schwächen der einzelnen Familienmitglieder wächst. Das ist ein Gebilde, das ganz bestimmte Rollen und Strukturen kennt, Arbeitsweisen, Umfangsformen etc., die sehr stark von den Individuen getragen werden. So ist es auch in etwa bei der allerersten Phase in der Evolution einer Organisation, die wir «Pionierphase» nennen.

Die zweite Phase, die «Differenzierungsphase», wird dann eingeläutet, wenn sich die Anforderungen von außen oder von innen ändern, so daß die Organisation in eine Krise kommt und die Frage gestellt werden muß: Geht es noch in diesem familiären Stil weiter, oder brauchen wir eine andere Art der Gestaltung der Organisation und andere Grundsätze des Führens, andere Leitideen? Dann kommt in der Regel etwas Neues; zunächst geschieht das unreflektiert, und die Organisation wird zu einem ganz anderen Gebilde, in dem es um Nüchternheit, um Ratio und kühle Überlegungen geht und wo das Unternehmen jetzt als Apparat erdacht und konstruiert wird: ein arbeitsteiliges Räderwerk, das nichts dem Zufall überläßt, sondern genau regelt, wie geführt wird, wie zusammengearbeitet wird, wie man mit Kunden oder Patientinnen, Schülern oder Schülerinnen umgehen soll. Da kann man eigentlich sagen, daß dahinter unausgesprochen die Leitidee steht, das Ganze soll laufen wie ein gut geölter Apparat, wie ein Mechanismus. Das ist typisch für die zweite Phase, die «Differenzierungsphase». Jedes Teilchen hat seine Aufgabe, seine Bestimmung, alles soll gut ineinandergreifen, das soll geschmiert laufen, es soll keine Reibungsverluste geben usw. Schon die Sprache, die oft in dieser zweiten Phase der Evolution gebraucht wird, zeigt es klar: Das ist eine Ingenieursprache, das ist nicht eine Biologen- oder Familientherapeutensprache, sondern eine ganz nüchtern und rational gestaltete Welt.

Auch die Differenzierungsphase kommt an gewisse Grenzen,

Schwellen und Krisen, weil das Unternehmen auseinanderzu-driften droht. Wenn die Unternehmung weiter ihren Platz in der Gesellschaft behaupten möchte und sich den künftigen Aufgaben stellen will, dann ist die Frage: Fallen wir zurück in die Pionierkultur, bauen wir sie noch weiter aus, perfektionie-ren wir sie, oder haben wir den Mut und die Fähigkeit, den nächsten Schritt in ein anderes Denken zu wagen? Für die wei-tere Entwicklung zur «Integrationsphase», in die dritte Phase der Evolution, werden neue Paradigmen gebraucht, d.h. neue Grundauffassungen, neue Leitideen. Hier muß ein Denken zum Tragen kommen, das die Organisation als lebendigen Or-ganismus sieht.

Ich finde es sehr erfreulich, daß in der modernen Organisa-tions- und Führungslehre endlich gebrochen wird mit einer Auffassung von Wissenschaftlichkeit, die in den sechziger, siebziger Jahren bestimmend war, nämlich einem Wissen-schaftsverständnis im Sinne des Ingenieurdenkens, bei dem alle möglichen Aussagen über den Menschen oder über soziale Organismen gemacht wurden in Anlehnung an Computer. Wenn man das menschliche Denken verstehen will, so wurde oft gesagt, dann muß man eigentlich verstehen, wie ein Com-puter funktioniert. Ich finde es sehr erfreulich, daß die moder-ne Führungs- und Organisationslehre heute sagt: Wenn wir wirklich weiterkommen wollen, dann können wir nicht Analo-gieschlüsse von den technischen Wissenschaften auf den Men-schen oder auf soziale Organismen ziehen, wir müssen viel-mehr von den Biowissenschaften lernen. Was ich 1993 schrei-ben konnte in der Neuausgabe des Buches von Lievegoed, das war vor etwa 20 Jahren, als Professor Lievegoed «Organisatio-nen im Wandel» (1974) publizierte, als «unwissenschaftlich» abgetan worden. Dafür kriegte Lievegoed damals von den aner-kannten, führenden Organisationswissenschaftlern Vorwürfe:

«Das ist Biologismus, das kann man doch nicht tun! Das sind anthropomorphe Betrachtungsweisen für soziale Gebilde» usw. Biologismus war ein ganz großer Vorwurf. Wenn Sie heute von denselben Autoren, die das damals als Biologismus verworfen haben, aktuelle Publikationen lesen, wenn Sie deren Vorträgen zuhören, dann wird darin behauptet: «Die Biowissenschaft, das ist es! Von der müssen wir lernen!»

Jetzt kann man sagen, daß mit den Schritten in die Integrationsphase der Durchbruch zu anderen Niveaus des Funktionierens nur gelingt, wenn ich mit dem mechanistischen Denken breche und wenn ich mich im Gestalten von Führung, Organisation, Kunden-, Schüler-, Patientenbeziehungen usw. vom organischen Denken leiten lasse und wirklich verstehe, daß in der Organisation neben dem technischen Geschehen noch vieles an Wirklichkeiten da ist, das sich der Ingenieurbrille entzieht; wo ich danebengreife, wenn ich die vollständige Wirklichkeit erfassen will, indem ich nur nach den sogenannten «facts» greife. Wenn wir dem Menschen vollauf gerecht werden wollen, müssen wir erkennen, daß außer den harten Tatsachen auch Seelenwirklichkeiten eine Rolle spielen. Denn was Menschen meinen, welche Bilder sie von der Wirklichkeit haben, was sie im Bewußtsein erstreben, all das schafft in einer Organisation soziale Wirklichkeiten.

Für die Gestaltung der dritten Phase, der «Integrationsphase», ist das Denken in verschiedenen Subsystemen bestimmend (siehe nebenstehende Abbildung). Man muß umgehen lernen mit dem, was die Technik fordert im technisch-instrumentellen Subsystem; wir müssen verstehen, was das soziale Subsystem fordert, nach welchen Gestaltungen und Gesetzmäßigkeiten sich da das Leben abspielt; und jede Unternehmung hat ihr kulturelles Subsystem, ihr Wertverständnis und ihre Leitideen, ihre Denkgewohnheiten und ihre Denkmuster, ihre geschriebe-

Wesenselement:	Subsystem:
1. Identität	*kulturelles Subsystem*
2. Policy, Strategie, Programme	
3. Struktur (Aufbauorganisation)	*soziales Subsystem*
4. Menschen, Gruppen, Klima, Führung	
5. Einzelfunktionen, Organe	
6. Prozesse, Abläufe	*technisch-instrumentelles Subsystem*
7. Physische Mittel	

Abb. 2: Die sieben Wesenselemente und die drei Subsysteme.
Aus: Glasl/Lievegoed 1993, S. 13

nen und ungeschriebenen Grundauffassungen. All das ist in einem Trialog miteinander. Ich kann nicht die ganze Organisation nur nach dem Technik-Verständnis gestalten. Damit würde ich das Soziale denaturieren oder deformieren. Das würde Krankheiten und alles mögliche zur Folge haben. Ich kann sie auch nicht nur nach sozialen Gesichtspunkten gestalten und leiten, auch nicht nur nach rein geistigen Gesichtspunkten. Schlußendlich ist ja die Organisation tätig aktiv in dieser Welt, die durch ein Zusammenwirken von Geist, Seele und Materie gebildet wird.

Dann folgt ein weiterer Entwicklungsschritt, eine Schwelle, die wir gerade erleben. Das Denken der vierten Phase, die ich «Assoziationsphase» nenne, führt in jene Diskussion, die sich gerade abspielt in der Wirtschaft, in der Politik und sonst wo

 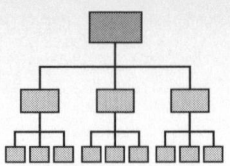

1. Pionierphase

«Alles für unsere Kunden»

Kundentreue, persönliche
Kenntnis der Kundensituation

Person der Pioniere prägt
Struktur, Arbeitsstil, alles

charismatische und
autoritäre Führung

Funktionen rund um die
Fähigkeiten der Personen

Improvisieren – flexibel

Mittel «belanglos»

Gefahren:
Chaos, Willkür, Unselbständigkeit der MitarbeiterInnen

2. Differenzierungsphase

«Wir verkaufen das, was für
uns gut ist!»

Systematik, Ordnung, Logik,
Steuerbarkeit, Machbarkeit

formalisierte Strukturen,
Regeln, Standardvorschrift

Funktionalitäts-Struktur
Stab-Linie

Führungsebenen differenziert:
konstituierende, organisierende,
dirigierende Führung,
sachlich, rational, kalt

Mitarbeiter passen sich den
Sachnotwendigkeiten an

Arbeitsteilung! Trennung:
Planung-Ausführung-
Kontrolle

Gefahren:
Überorganisieren, Über-
formalisieren, Trennwände,
Erstarrung, Bürokratie

Abb. 3: Hauptcharakteristika der vier Entwicklungsphasen

16

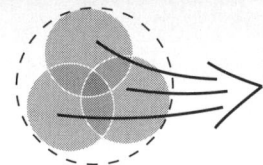 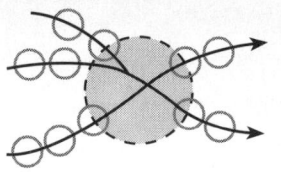

3. Integrationsphase

«Wir lösen Probleme der
Kunden! Wir schaffen
Kundennutzen!»

Visionen, Ziele, Strategien,
Leitsätze kooperativ entwickeln

vernetzte, kleinere, relativ
selbständige Einheiten,
Intrapreneuring

situativ-agogische Führung

integrierte Funktionen,
Teams, autonome Gruppen

Selbstplanung, Selbstorganisation, Selbstkontrolle

4. Assoziationsphase

Im Unternehmens-Biotop:
«Schicksalsgemeinschaft»,
Beziehung zu Umwelten!

langfristige Politik,
Vertrauen und Kooperation

strukturelle Einbindung von exter-
nen Instanzen, viele assoziative Formen

situativ-agogische Führung,
Konfliktfähigkeit

integrative Funktionen,
Nahtstellen-Management

autonome Teams, selbststeuernd

Prozeß-Verantwortung und Management weit über Unternehmens-
grenzen: Vorlieferanten, Kunden...
bis zur Entsorgung

Gefahren:
Verselbständigungstendenzen, Pochen
auf Autonomie, Ziel- und Strategie-
diskussionen als Selbstzweck

Gefahren:
Machtblöcke durch strategische
Allianzen, Staat im Staat

– weil heute ein weiterer Schwellenübergang gefordert ist im Gestalten von Organisationen. Es kommt nicht nur darauf an, die eigene Organisation gut zu gestalten und zu führen, sondern es geht um mehr! Wir müssen erkennen, daß die eigene Organisation nur dann Erfolg haben kann, wenn sie sich als ein *Glied in einem Biotop* versteht. Das heißt nicht, daß ich als Einzelunternehmen untergeordnet bin und ganz verschwinde, sondern daß ich einen Organismus gestalte, den Verlag oder eine Schule oder ein Krankenhaus oder ein Ministerium, aber daß es wesentlich ist, wie sich dieser Organismus zu anderen in eine dauerhafte, kooperative Beziehung setzt und daß wir nicht nur zufällig von hier etwas kaufen und dahin etwas liefern usw., sondern daß wir eine gestaltete Beziehung pflegen, die mehr ist als das opportunistische Nutzen von Gelegenheiten. Es ist dies eine «Schicksalsgemeinschaft», weil ein Unternehmen mit verschiedensten Institutionen im Umfeld eine von Verantwortung, von einer gewissen Dauerhaftigkeit getragene Beziehung eingehen muß, die auf Entwicklung angelegt ist. Als Unternehmensführung kann ich nicht nur sagen: «Hauptsache, mir geht's gut, auch wenn meine Lieferanten vor die Hunde gehen!» Ich muß eigentlich die Erfolgsformel so definieren: Es wird mir und dem Lieferanten und der Vertriebsorganisation dann gut gehen, wenn jeder nicht nur an das eigene Wohlergehen denkt, sondern grundsätzlich an das gemeinsame Wohlergehen im Zusammenspiel. Das klingt jetzt so, als würde man bestimmte idealistische Dinge träumen, die weit weg von der Wirklichkeit sind; aber Gott sei Dank ist es so, daß die Durchbrüche in der modernen Organisation genau das auch zu erkennen geben.

Ich habe die Evolution der vier Phasen in Urbildern angedeutet; im folgenden soll das weiter ausgeführt werden, damit es nicht beim Schema bleibt. (Siehe S. 14 und 15)

Die Unternehmensevolution näher betrachtet:
Die Pionierphase

Wenn ich die Gestaltungsprinzipien der Pionierphase anschaue, dann kann ich sagen: Die Gründung eines heilpädagogischen Institutes, eines Verlages, einer Unternehmung und sonst einer Institution hat nur dann Chancen, wenn tatsächlich ein Bedarf an Leistungen da ist, für die wir glauben kompetent zu sein. Auf die Kunden, die Patienten und Patientinnen, Schülerinnen und Schüler, Bürger und Bürgerinnen bin ich gerichtet. Was deren Bedarf, deren Problem ist, das ist mein Problem. Ich lebe also in der ersten Phase davon, daß ich ganz stark auf die Kundenbedürfnisse orientiert bin, und ich komme mit dieser Art der Führung in dieser Phase auf einen Punkt, an dem das A und O das Visionäre ist, oder, wie es auch in der Führungspsychologie genannt wird, die «charismatische Führung»! Das Charisma, die Ausstrahlung, die besondere Begabung, die ich als Gründerpersönlichkeit bewiesen habe und die auch von den anderen, die mit mir das Wagnis des neuen Unternehmens angehen, anerkannt wird, wird erlebt und bestätigt. Das bedeutet, daß die verschiedenen Personen, die in dieser Pionierorganisation zusammenarbeiten, deshalb eine gemeinsame Orientierung haben, weil sie über eine solche Pionierpersönlichkeit vermittelt bekommen, worauf die Arbeit gerichtet wird und wie sie miteinander umgehen sollen. Darum habe ich auch gesagt, daß in dieser ersten Phase die ganze Gestaltung von Führung und Organisation die Familie zum Modell nimmt. Der Pionierbetrieb ist in jeder Hinsicht personenzentriert.

Wenn Unternehmensberater nicht in diesen Evolutionsbildern denken können, gehen sie an einen Pionierbetrieb heran und stellen Anforderungen, die für die Differenzierungsphase wichtig wären, für die zweite Phase, die aber hier völlig fehl am

Platze sind. Diese Beraterinnen und Berater sagen dann: «Der ganze Betrieb ist hier total ungeordnet, ja unlogisch. Warum macht Herr Sowieso das und das, und Frau Sowieso macht den Einkauf und Kundenberatung, ein bißchen Buchhaltung auch – das ist ja ein Chaos, warum dieser Wirrwarr?» Man müßte erwidern: «Schau genauer hin, hab Interesse für das, was die Menschen können … Schau auf die Person, dann verstehst du, wie die Aufgaben verteilt sind.»

Ein weiterer Kernpunkt ist Improvisation. In der Pionierorganisation ist nur entscheidend, was ich sinnlich wahrnehme und aus der Wahrnehmung, aus dem Intuitiven heraus an Handlungsnotwendigkeit sehe. Ich kann mich gut daran erinnern, wie ich in Wien mehrere Jahre in einem Druck- und Verlagshaus gearbeitet habe; wir hatten die Freitagsplanung, bei der wir mit Hilfe von Magnettafeln planten: Wie wird die nächste Woche ausschauen, wie belegen wir die verschiedenen Druckmaschinen, so daß wir die Kapazitäten der Menschen und Maschinen gut nutzen? Wir haben hin- und hergeschoben, und dann hat's geklappt. Am Ende der nächsten Woche haben wir dann überprüft: Wie ging's denn wirklich? Das war ganz anders, immer unerwartet, immer improvisiert, und es war immer besser als das Geplante! Wir haben durch waches Improvisieren immer mehr von den Ressourcen nutzen können als mit dem Planen. Das ist der Vorzug einer guten Improvisation. Sie setzt aber unbedingt voraus: Wir kennen einander, wir respektieren einander, wir haben Nähe.

Die Gefahr, die ein solches Pionierunternehmen brechen und in der Krise wirklich zur Zerstörung führen kann, ist das um Personen herum Gebaute und – das ist ein wichtiger Punkt – die Neigung zu Personenkult und persönlicher Abhängigkeit von den Gründerpersönlichkeiten. Ob das jetzt eine Schule ist mit Gründungslehrern, die aufgrund ihrer pädagogischen

Kenntnisse unumstritten den Grundstein der Schule gelegt haben – nach 10 oder 15 Jahren sind sie vielleicht nicht mehr die Menschen, die wirklich im Gespür haben, worauf es ankommt. Da ist eine neue Generation nachgewachsen – aber jetzt pochen die Pionierpersonen darauf, daß sie Gründungslehrer waren, daß man ihnen nach wie vor folgen müßte, Glauben schenken müßte. Das geht nicht mehr. Da wird die Pioniergruppe eine Clique, die unduldsam ist und keine Kritik verträgt und die meint, sich die Anerkennung jetzt erzwingen zu müssen. Dann kommt es zu Personenkult, Abhängigkeit, Unselbständigkeit. In Wahrheit ist die überreife Pionierphase zu einer «Theokratie» geworden, die anderen Menschen selbständiges Denken abspricht! Ein so gestaltetes Unternehmen ist natürlich nicht fähig, ständig wechselnde Anforderungen erkennen, aufgreifen und beantworten zu können. Das kann sich schnell zu einer Krise auswachsen, die eine Organisation vor die Frage von Sein oder Nichtsein stellt.

Die Differenzierungsphase

Ein Schritt in die Differenzierungsphase, wo das rationale Ingenieurdenken bestimmend ist, bedeutet: Ich verlasse mich beim nächsten Entwicklungsschritt auf die Logik, und ich tue auch gut daran. Ich überlege mir: Was gehört wohin? Welche Menschen können welche Funktionen ausführen? Wie kann man, auch wenn man nicht alle Biographien der Mitarbeiterinnen und Mitarbeiter kennt, trotzdem wissen, wo welche Arbeit zu erledigen ist? Ich kann ja nicht immer in der Personalakte nachschauen, wenn ich nicht aus der persönlichen Begegnung weiß, was die eine oder andere Person an Wissen und Können mitbringt. Wie kann ich die Organisation auch denken? Wie kann ich sie in ihrer Logik verstehen?

Eine Organisation kann wieder wachsen, wenn eine gewisse Ordnung und Logik gegeben ist. Das führt dann dazu, daß ich natürlich die Dinge, die improvisiert waren und von Mal zu Mal erfunden werden konnten, nicht mehr dem Zufall oder der Willkür überlasse, sondern daß ich sage: Wir müssen die Sachen mehr vorhersehbar, planbar, steuerbar machen, wir müssen sie festlegen, formalisieren, standardisieren, gewisse Regelungen schaffen und dergleichen. Wenn wir das tun, dann können dieser Verlag oder das Krankenhaus oder die Unternehmung weiter qualitativ und quantitativ wachsen, und sie können kompliziertere Aufgaben übernehmen, weil sie vertieftes Wissen, Spezialwissen der Mitarbeiterinnen und Mitarbeiter nutzen. Die Spezialisierung – gegenüber der Universaleignung in der Pionierphase – ist in der Differenzierungsphase ganz wichtig und erlaubt dadurch eine ganz andere Art der Problembewältigung. Aber die Spezialisierung hat es natürlich in sich, daß ich die Dinge, die ich teile, später wieder zum Ganzen bringen muß. Und das notwendige Pendant dazu ist Koordination durch Koordinationsvorschriften oder Koordinationsmechanismen, passend zur Apparatesprache, auf die ich hingewiesen habe. Die Arbeitseinteilung – eine Notwendigkeit gegenüber dem Tohuwabohu in der Pionierphase – bedeutet: Wer ist gut im Planen? Wer ist gut in der Ausführung? Wer könnte in der Betriebsbuchhaltung, in der Finanzbuchhaltung oder beim Korrekturlesen im Verlag am besten geeignet sein, wer könnte die Kontrolle gut machen? Das sind eben besondere Fähigkeiten! Wir trennen und teilen sie. Und wenn die Aufgaben weiter an Komplexität zunehmen, dann müssen wir noch mehr teilen, noch mehr differenzieren.

Sie sehen, da weht ein anderer Wind, da herrscht ein anderes

Klima, und es braucht eine andere Einstellung, um darin Gutes zu tun. Die Gefahren liegen in folgendem: Wenn diese Teilung, diese Spezialisierung, immer weiter und weiter geht, dann kann sie auch einmal hundertzehnprozentig sein, hundertzwanzigprozentig. Es wird die Arbeit in kleinste Einheiten zerlegt, und der Sinnbezug ist nicht mehr da. Wenn ich das mache, wird der Koordinationsaufwand zwangsläufig immer größer. Wer koordiniert die Koordination? Der Koordinationskoordinator. Wie geht das dann? Wer hat dann noch Überblick? Ich muß mehr und mehr formalisieren, reglementieren, daß sich das Ganze nicht in seine Teile auflöst und eine selbstzerstörerische Eigendynamik entwickelt. Durch dieses Formalisieren und dergleichen kommen immer stärker die eigenen Sprachen, die eigenen Denkansätze usw. zum Tragen. Und wenn man nicht gut aufpaßt, wird die Aufmerksamkeit nicht mehr den Kunden geschenkt, sondern wird jetzt hauptsächlich nach innen gerichtet, weil die Stäbe immer wieder darüber nachdenken: Wir könnten das noch verfeinern und das noch perfektionieren und da noch den Mechanismus ausbauen und hier ein Regelnetz noch wasserdicht machen. Diese Innenorientierung führt dann zu einer krankhaften Deformation, zur sogenannten «Zielinversion». Wie wir eine Wetterinversionslage kennen, so gibt es auch eine Zielinversion der Organisation: Es wird nämlich immer wichtiger, daß wir die Arbeit den Vorschriften entsprechend richtig machen, statt daß wir das Richtige tun. Das wird dann das Kernproblem des bürokratischen Verwaltungsbetriebes (F. Glasl 1983, S. 75).

Nun bin ich da und dort in verschiedenen europäischen oder außereuropäischen Ländern um Beratung oder Schulung gefragt worden. Ich erinnere mich an die allerersten Seminare 1986 – zu Beginn der Perestroika in der damaligen Sowjetunion –, als ich mit den Spitzenmanagern von russischen

Großbetrieben gearbeitet habe. Diese Führungskräfte befehligten so 30.000 bis 60.000 Menschen. Sie haben sich in dem Denken der Differenzierungsphase sehr gut wiedererkannt, da in der Sowjetunion das ganze Unternehmensdenken vom Ingenieurdenken geprägt war. Aber auch das umgebende Staats- und Verwaltungssystem, das ganze politische System trug alle Anzeichen dafür, daß es durch und durch mechanistisch war und auf dem Ingenieurdenken beruhte. Die sowjetischen Topmanager waren unglaublich stolz darauf, bis sie entdecken mußten: «Es leistet eine Menge, aber bestimmte Aspekte der Wirklichkeit erfassen wir damit überhaupt nicht!» Es war deutlich zu spüren, wie in diesen Menschen, die natürlich durch die Hochschulausbildung im dialektischen Materialismus geschult waren, das Denkgefüge zu knirschen begann! Weil das, was sie bisher als die führende wissenschaftliche Denkhaltung gehabt hatten, durch die Beratungsarbeit Unzulänglichkeiten aufwies. Sie sagten auch: «Wir merken es, wir kommen nicht weiter, wenn wir nicht den Menschen nach einem ganz anderen Verständnis behandeln. Wir kommen mit dem Maschinendenken nicht an die eigentlichen Fragen und Probleme ran». Was ich mit der Pionierphase beschrieben habe, war für sie überhaupt kein Thema, denn Unternehmensgründungen waren nie so, daß etwas wachsen konnte, daß man sich selber finden konnte. Ein Unternehmen war vom Reißbrett der planenden Behörde aus irgendwo hingestellt worden, wo es nicht hingehörte wegen der Rohstoffe oder Energiequellen, und da sollte es vom ersten Tag an ticken wie eine gerade aufgezogene Uhr. Sie haben auch gemerkt: Das stimmt nicht, wir haben da etwas übersehen.

Die Bewegung in die dritte Phase mit ihren ganz anderen Denkgrundlagen, anderen Wertorientierungen und einem anderen Bild des Menschen in seiner Arbeit –, das ist ein grundlegender Wandel. Der geht auch nicht so glatt, man kommt nicht problemlos von dem einen ins andere. Da wird gerungen. Beim Wandel eines Unternehmens in der Pionierphase gibt es Schweiß, da gibt es Ärger, Tränen, Krach, da werden Menschen verteufelt, ausgestoßen, andere wieder hochgejubelt usw. ... Es ist ein geistiges Ringen. Wenn dieses Sich-Auseinandersetzen auf der Ebene des kulturellen Subsystems einer Organisation nicht bewußt angegangen wird, dann kommen viele Konflikte auf.

Der Entwicklungsschritt zur Integrationsphase bedeutet, daß ich wieder bei der Grundidee ansetze und frage: Warum gibt es uns? Was ist unser Existenzgrund? Wer braucht uns eigentlich? Was ist der Nutzen, den wir stiften? Und nicht: Was wollen wir reinpushen, was haben wir auf Lager und was wollen wir loswerden, woran wollen wir dann verdienen? Die Leitfragen der Integrationsphase lauten: Was brauchen die Kunden wirklich? Welche Fragen beschäftigen heute die Menschen? Wir müssen fragen: Wo stellt sich dieser Organismus hinein? Was braucht es da? Ich muß wieder von außen nach innen auf ein Unternehmen schauen.

Bei den Schritten in diese Phase muß ich immer bei den ideellen Dingen anfangen: Kundennutzen, Werte, die wir leben wollen, die wirklichen Probleme hinter den vordergründigen Bedürfnissen der Menschen, die unsere Leistungen in Anspruch nehmen. Wir müssen mit den Menschen, mit Führungskräften, Mitarbeiterinnen und Mitarbeitern sagen: Es ist wesentlich, daß wir miteinander ins Gespräch kommen, daß nicht irgend jemand als Pionier vorgibt: Da geht's lang, das ist die Produktpalette, das wird demnächst gemacht! Entscheidend ist jetzt, daß die Zielsetzung von den Menschen getragen wird, daß es eine Auseinandersetzung der bestimmenden Mitarbeiterinnen und Mitarbeiter ist, daß ich auch wirklich – ich möchte sagen – mein Herzblut mit reinlege. Ich kann nicht mehr distanziert mit Kundenproblemen umgehen, ich muß deren Probleme zu meiner Herzensangelegenheit machen. Auch die moderne Fachliteratur, die durchaus weiß, wovon die spricht, verwendet heute mehr und mehr diese Sprache: «Nicht nur der Kopf, sondern auch das Herz muß angesprochen werden!» Das bedeutet, daß ich mit den Mitarbeiterinnen und Mitarbeitern auch über die mittelfristigen Vorhaben, die Strategie, Politik und dergleichen ins Gespräch komme und mich bemühe, daß die ideelle Ausrichtung des Unternehmens von vielen mitgestaltet, mitgetragen wird. Wenn ich das tue, wird viel selbständiger auf der gemeinsamen geistigen Grundlage gehandelt werden können; wenn ein Mittragen, ein Konsens da ist, dann kann ich Menschen mit großer Autonomie arbeiten lassen. Ich kann dann Arbeitsfelder global umschreiben, ich brauche nicht Telefonbücher vollzuschreiben mit Stellenbeschreibungen, mit detaillierten Festlegungen: Was sind deine Aufgaben, Seite 1, Seite 2, etc., welche Kompetenzen hast du, usw. Das brauche ich nicht. Ich kann wirklich auf die innerliche Orientierung bauen, und die Menschen können intelligenter auf die Dinge, die sie wahrnehmen, reagieren.

Das bedeutet, daß für die Führung in der Integrationsphase ganz andere Dinge gefordert werden als bei der Technikorientierung der Differenzierungsphase. Es geht vielmehr darum: Wie kann ich meine Mitarbeiterinnen und Mitarbeiter so unterstützen, daß die visionäre Kraft in ihnen geweckt und aktiviert wird und daß nicht der «größte Führer aller Zeiten» ihnen sagt, was zu geschehen hat. In der Integrationsphase soll nicht wieder das von einer Person Vorgegebene bestimmend sein, nicht die Abhängigkeit von einer einzigen charismatischen Person, sondern es geht bei den Mitarbeiterinnen und Mitarbeitern darum, daß auch sie wirklich Fähigkeiten entwickeln und einsetzen können. Aber auch das Pendant dazu ist wichtig, daß sie auch die Ehrlichkeit und Wahrhaftigkeit haben zu sagen: Das, was wir tun, entspricht das dem Geforderten? Können wir das kritisch überdenken, kritisch evaluieren, auswerten usw.? Das sind neue Führungsfähigkeiten.

Bezüglich der Art und Weise, wie Aufgaben, Funktionen gestaltet sind, kann man den Schritt machen zu mehr ganzheitlichen Aufgaben, also zu Gebieten, wo ich selber mehr plane, mehr organisiere, ausführe, aber auch kontrolliere, mich selber verantwortlich fühle für die Art und Weise, wie ich mit meinen Nachbarn links und rechts die Arbeit abstimme: Hier gilt also Selbstgestaltung, Selbstorganisation, Selbstplanung. Das sind die leitenden Ideen für diese Integrationsphase.

Und das ganze Handeln ist gebaut auf das Denken im Sinne einer stimmigen Wertschöpfung: Was ist denn eigentlich in den einzelnen Arbeitsschritten los? Was ist mein Beitrag zum Finalkundennutzen, für die Leser der Bücher, für die Patienten, die gesund werden sollen usw.? Das gilt auch dann, wenn ich in der Wäscherei bin, auch wenn ich die Instandhaltung des Aufzugs mache! Was ist mein Beitrag zum Finalkundennutzen? Das sollte eigentlich lebendig sein, das ist die ganz andere Form des Bewußtseins der Integrationsphase.

Die Beschreibung dieser Phase war vor mehr als 20 Jahren die Pionierleistung von Bernard Lievegoed. Man kann sagen, daß eigentlich erst heute Organisationen reif werden zu diesen Auffassungen, zu dieser Art der Gestaltung der Organisation und der Führung.

Und dann brach in die Wirtschaftswelt und in die Fachwelt die Diskussion herein über lean production, lean management, lean enterprise, das Schlanke Unternehmen (siehe J. Womack / D. Jones / D. Roos 1991, F. Glasl / B. Lievegoed 1993, F. Glasl / E. Brugger 1994). Ist das eine Modeerscheinung, oder verbirgt sich hinter diesem Konzept – nicht hinter dem Ausdruck, aber hinter dem Konzept lean enterprise, lean production, lean management – etwas Neues?

Was ist die Idee dahinter? Professor Daniel Jones von der Cardiff-University in England ist ja einer der drei Autoren dieses Weltbestsellers «Die zweite Revolution in der Autoindustrie» (1991). Wir kannten einander schon seit mehr als 10 Jahren, und ich hatte das Glück, daß er mir das Buch, als es von Rezensenten und Lesern noch gar nicht wahrgenommen worden war, frisch von der Druckpresse geschickt hatte mit der Einladung: Wenn da was draus wird, bist du bereit, mit mir auf dem Kontinent missionarische Arbeit zu leisten? Da war meine Frage natürlich: Ist da etwas Neues drin, ist da etwas Gutes oder etwas Verführerisches drin? Kann man dazu auch – geisteswissenschaftlich gesehen – ja sagen? Wir haben lange diskutiert, weil vieles von dem, was mit dieser Kurzformel «schlankes Unternehmenskonzept» umschrieben wird, schon 20 Jahre lang in Japan praktiziert wird und jetzt Eingang findet in den Westen. Das hat sehr viel Ähnlichkeit mit dem, was Lievegoed auch schon vor 20 Jahren als Integrationskonzept umschrieben hat: Die Betonung der Eigenverantwortung, der Entwicklung der Menschen, der Ausrichtung auf den Kundennutzen und auf den Wertschöpfungsprozeß! Das ist alles in diesem Lean-Konzept verwirklicht. Aber es gibt viele Dinge in diesen schlanken Unternehmen in Japan, die über das Konzept, wie es Lievegoed seinerzeit beschrieben hat, hinausgehen. Das ist ein weiterer Paradigmenwandel, der von der Phase Drei zur Phase Vier geht.

Die Quintessenz des Schlanken Unternehmens

Das ganze Handeln im Unternehmen ...

1. ... ist konsequent ausgerichtet auf optimalen Kundennutzen im Kontext des gesellschaftlichen Nutzens

2. ... ist getragen vom Bewußtsein der betroffenen Menschen für den Gesamt-Wertschöpfungs-strom, über interne und externe organisatorische Grenzen hinweg

3. ... beruht in den Innen- und Außenbeziehungen auf verbindlichem Vertrauen, das dem langfristigen Gemeinwohl der miteinander assoziierten und gegenseitig abhängigen Unternehmen verpflichtet ist

4. ... ist ständig auf sparsames, respektvolles und pflegendes Umgehen mit allen Ressourcen (Material, Raum, Anlagen und Hilfsmittel, Energie, Zeit, Menschen und Umwelt) ausgerichtet

5. ... baut auf Bewußtsein, Verantwortung, Kreativität und Entwicklungsfähigkeit der Menschen und strebt mit ihnen unablässig nach Verbesserung und Innovation,

... all dies auf der Grundlage stimmiger Leitideen und Leitwerte, die nach innen und nach außen gleicher-maßen gültig sind.

Abb. 4: Quintessenz des Schlanken Unternehmens
Aus: Glasl/Brugger 1994, S. 16 ff.

Und der hängt wesentlich mit dem Kernthema zusammen: «Wie sieht das Unternehmen der Zukunft aus?»

Die Grenze der Integrationsphase kann man so beschreiben: In dieser Phase wird noch sehr stark an den eigenen Organismus – unsere Schule, unsere Firma, unsere Einrichtung – gedacht: Wir nützen das, was über die Lieferanten reinkommt, und wir wollen unseren Kunden Gutes tun, wir sind primär marktorientiert, kundenorientiert. Aber es gibt Dinge, die gehen darüber hinaus. Das ist genau das, was ich in Erweiterung von Lievegoeds Konzept mit der vierten Phase als Assoziationsphase umschreibe.

Die Wesensmerkmale der Assoziationsphase

Wir können das Geschehen in einem Unternehmen bei zunehmender Reife nie und nimmer wie auf einer Insel betrachten und behandeln. Unsere Leistung für den Kundennutzen ist vielmehr ein kleines Gewässer in einem umfassenden Strom der Wertschöpfung. Dieser Wertschöpfungsstrom hat schon lange vor unserem Unternehmen begonnen und fließt weiter, nachdem der Leistungsbeitrag unserer Firma erbracht ist. Darum müssen wir uns «stromaufwärts» unseren Lieferanten zuwenden und z. B. als Verlag fragen: Wie ist es mit der Aufbereitung der Rohstoffe und Halbfabrikate, die zu uns reinkommen? Wie arbeitet die Papierfabrik vor mir? Schont sie die natürlichen Ressourcen? Was geschieht da alles? Ist das alles für den Kundennutzen wirklich vertretbar? Wie geht nach mir die Wertschöpfung oder die Wertvernichtung weiter? Das heißt, ich stelle mich in einen viel größeren Zusammenhang des wirtschaftlichen Geschehens, als es in der Integrationsphase der Fall war. Ich komme nicht weiter mit diesem Denken der dritten Phase, nämlich, daß es genüge, wenn es hauptsächlich unserem Unternehmen gut geht. Ich muß in der Assoziationsphase vielmehr denken: Wenn es dem ganzen Biotop gut geht, weil es ein Füreinander-, ein Zueinander-Arbeiten ist, dann geht es auch meinem Unternehmen gut! Wenn ich egozentrisch bin, geht es auch den anderen schlechter. Wenn ich als Autohersteller versuche, meine Lieferanten zu würgen bis unter den Grenzpreis – dann schwäche ich den Lieferanten, von dessen Leistungsfähigkeit ich gerade abhängig bin. Durch den Würgegriff des Abnehmers können die Lieferanten weniger in Entwicklung und Ausbildung investieren, die Produkte werden weniger innovativ, sie haben die Qualitätskosten dadurch nicht mehr im Griff. Ich mache ja den Lieferanten, der mein bester Freund sein sollte, schwach, ich mache ihn kaputt, ich wringe ihn aus – eigentlich nur, um mich kurzfristig zu bereichern. Das wird sich auch auf mich auswirken. Und genau mit diesem kurzfristigen, firmenzentrierten Denken bricht das Assoziationsmodell.

Für die Entwicklung zur Assoziationsphase stellt sich eindringlich die Frage: Wie fließt der ganze Wertschöpfungsstrom, in dem ich nur einen bescheidenen Anteil habe – was geschieht vor mir, was geschieht nach mir? Wie stelle ich mich da hinein? Wie sehr nehme ich auch diesen Teil der Verantwortung des mir vorgelagerten, mir nachgelagerten Geschehens auf mich? Das ist ein Kernpunkt – die erfolgreichen schlanken Unternehmen in Japan haben es schon längere Zeit vorgelebt, und es gibt Gott sei Dank in Europa, erstmals in England, schon die besten konkreten Beispiele, wie das praktisch gehen kann (siehe F. Glasl / E. Brugger 1994, S. 76 ff., S. III ff.). In Kontinentaleuropa gibt es auch Betriebe, wo es gelingt, wo man damit ringt und sich sagt: «Kundenorientierung, Marktorientierung, das ist in

Ordnung. Aber ich muß die Marktorientierung erweitern, indem ich zum Beispiel als Autohersteller sage: Es ist nicht nur mein Problem, wie der Handel, der Großhandel und der Kleinhandel mit dem Auto zurechtkommen, es ist auch meine Frage, welchen Wert – gesellschaftlich gesehen – auch noch Gebrauchtwagen darstellen. Es ist auch mein Problem: Was geschieht mit dem nicht mehr fahrtüchtigen Auto? Werden die in die Schwäbische Alb gefahren? Irgendwo verschmutzen sie das Grundwasser, rosten weg usw.? Es ist auch mein Problem als Herr Werner von Mercedes Benz, als Herr Piëch von VW oder als Herr Pischetsrieder von BMW. Was geschieht bis zur Entsorgung? Das ist ein wesentlicher Schritt in die Ausweitung der Prozeßverantwortung zur Kundenseite hin und äußerst wichtig in der Assoziationsphase.

Ein Beispiel: Ich arbeite als Berater für den Computer-Hersteller Hewlett-Packard, dessen deutsche Niederlassung in Böblingen ihren Hauptsitz hat. Und ich habe dort das Vier-Phasen-Konzept vor einiger Zeit der ganzen Führungsmannschaft bzw. -frauschaft vorgestellt. Und oberste Führungskräfte haben gesagt: «Tatsächlich, wir können keine neuen Computer produzieren, wenn wir nicht den Menschen die Garantie geben können, daß das, was schlußendlich mit den nicht mehr benutzbaren Dingen geschieht, auch umweltverträglich ist. Wenn wir diese Verantwortung auf uns nehmen und entsprechend handeln, dann ist dies heute eigentlich ein Erfolgsfaktor im Verkaufen, wenn wir die Entsorgungsverantwortung wirklich auf uns nehmen.» Wenn wir das tun – so kam dies bei Hewlett-Packard sofort ins Gespräch –, dann müssen wir uns auch die Frage stellen: «Welche Metalle oder Stoffe baut denn schon der Lieferant in die Platten ein, die wir in unseren Geräten verwenden? Wenn da schon durch toxische Stoffe und Schwermetalle das Problem drin ist, dann können wir uns nicht von unserer

Verantwortung drücken. Wir müssen vielmehr auch mit den Lieferanten ins Gespräch kommen, denn wir haben hier eine Verantwortung, die wir mit ihnen teilen. Wir können nicht sagen: Löst das Problem, aber möglichst zum niedrigsten Preis, wir drücken euch noch. Sondern: Wenn es so ist, daß hier die Verantwortung nicht beim Wareneingang unserer Firma aufhört, sondern weitergeht, ja viel weiter, nämlich bis zur Rohstoffgewinnung – wo kommt das Produkt unseres Lieferanten her, was wird zerstört, wenn Uran abgebaut wird, welche Menschen setzen ihr Leben aufs Spiel, was geschieht mit der Landschaft usw., wenn wir z. B. Uranerze verwenden? – Wenn dem so ist, daß wir hier in der Verantwortung sind, wenn wir stromaufwärts schauen im Prozeßstrom bis zur Quelle, dann tragen wir diese Verantwortung zusammen mit Lieferanten und Vorlieferanten!

In der Wirtschaft müssen wir eigentlich das «Lachs-Bewußtsein» haben und immer wieder bis zur Quelle zurückschwimmen, um zu schauen, was da geschieht. Da müssen wir mit den Lieferanten ganz andere Beziehungen eingehen. Nicht, daß wir über sie jetzt herfallen und sie uns einverleiben. Es ist die phantasieloseste und unfruchtbarste Art, nur immer aufzukaufen, aufzukaufen – bis ein Dinosaurier geschaffen ist. Das löst keine Probleme. Wir müssen vielmehr die Herausforderung aufgreifen, die da lautet: Wie können wir die Selbständigkeit der Lieferanten und Vorlieferanten anerkennen, ja auch noch fördern, aber so, daß wir mit ihnen in diesem Wertschöpfungsstrom die Verantwortung gemeinsam greifen? Das heißt, mit ihnen auch zu schauen: Wie können sie anders produzieren und liefern? Wo fahren sie unnütze Kilometer, die nur zu Lasten der Luft und dergleichen gehen? Wie können wir die Materialanfuhr und dergleichen so organisieren, daß nicht Werte zerstört werden? Das führt dann zu den verschiedensten Formen der geteilten Verantwortung, von den Lieferanten und Vorlieferanten bis zur Rohstoffgewinnung und stromabwärts zu Vertrieb, Handel und bis zur Entsorgung.

Wenn ich dieses Konzept darstelle, mit dieser weitreichenden Prozeßverantwortung von der Quelle bis zum Meer sozusagen, dann betone ich: Es geht hier darum, mit diesem Organisations- und Führungsverständnis das Wirtschaftsgeschehen wieder verantwortungsvoll in den Naturkreislauf hineinzustellen, wie sich ja auch die Landwirtschaft im Naturkreislauf verstehen muß. Ich nenne das «von der Natur bis zur Natur wirtschaftlich bewußt handeln». Das heißt, ich schaffe als Einzelunternehmen ein ganz anderes Verhältnis zur Erde, als dies bisher der Fall war.

Ich darf das umschreiben mit den Ausdrücken, die Rudolf Steiner in einem Vortrag vom 15. Juni 1915 (Steiner 1915) gebraucht hat, nämlich daß wir den Weltzusammenhang erleben und dieses Erleben auch zu unserer Verantwortung machen, daß die Erde als Himmelskörper, als Organismus eigentlich der Leib Christi ist, und daß wir alles, was wir tun, wahrhaftig an diesem Leib tun. Wenn wir dieses Bewußtsein mit ins wirtschaftliche Handeln hineinbekommen, dann haben wir eine Möglichkeit, die Herausforderungen der Zukunft wirklich anders anzugehen. Ich meine jetzt u.a. die ganze Frage der Verursachung ökologischer Schäden durch die Wirtschaft, durch politische Fehlentscheidungen usw., durch falsches Konsumentenverhalten und all das. Es besteht die Chance für eine Bewältigung dieser Fragen nur dann, wenn dieses Wertschöpfungsdenken so weit gespannt wird, wie ich es dargestellt habe. Das ist natürlich eine enorme Horizonterweiterung unseres Bewußtseins und sprengt den üblichen wirtschaftsethischen Rahmen. Wir können es vielleicht denken, können dem zustimmen, können es gedanklich nachvollziehen, wir können das ganze epische Geschehen des Wirtschaftens in der vollen Breite, mit der langen Vorgeschichte und Nachgeschichte bewußtseinsmäßig erfassen – aber ist unser Handeln dem auch schon gerecht geworden? Was ist an Handlungsfähigkeit da noch zu fordern, um dem einigermaßen gewachsen zu sein oder um in die gesellschaftliche Verantwortung hineinzuwachsen? Das ist wirklich die Kernfrage des Unternehmens der Zukunft.

Ich habe diese Gestaltungselemente der Assoziationsphase unter der Perspektive des Bewußtseins und der Ethik dargestellt. Ich deute noch einige Punkte zum Verständnis dieses Assoziationsphasen-Konzeptes an, wie es durch die Praxis des «schlanken Unternehmens» angestoßen worden ist. Wenn ich dieses Wertverständnis habe und die durchgängige Arbeit an der Wertschöpfung zum Kern des unternehmerischen Gestaltens mache, dann bedeutet das auch, daß ich – wenn ich mich innerbetrieblich konzentriere auf das eigene Geschehen – das nur tun kann, indem mein Betrieb wie meine Lieferanten und meine Händler mit mir zusammen das Versprechen eingegangen sind, daß wir uns weiterentwickeln wollen, daß wir nicht einfach bei dem stehenbleiben, wo wir sind. Unsere Gemeinschaft ist auch eine Lerngemeinschaft mit den Lieferanten, mit den Händlern, eine Entwicklungsgemeinschaft, ja eine «shared destiny-relationship», wie dies die Schlanken Unternehmen in Japan nennen (siehe F. Glasl / E. Brugger 1994, S. 16 ff.), d.h. eine wahre «Schicksalsgemeinschaft»! Dieser Schicksalsgedanke bedeutet: Sogenannte «schlanke Unternehmen» wenden etwa ein Vierfaches der Beträge auf für Ausbildung, Weiterbildung, Persönlichkeitsentwicklung der Mitarbeiterinnen und Mitarbeiter im Unternehmen, verglichen mit den herkömmlichen Autoherstellern zum Beispiel. Entwicklung – Ausbildung – Weiterbildung – Persönlichkeitsentwicklung, das sind ständige Aufgaben, zusammen mit denen, die mir zuliefern, die mir die Waren aus der Hand nehmen.

In England habe ich verschiedene Betriebe besucht, die seit Jahren nach diesen Ideen handeln: Nissan, Honda, Unipart, Airbus. Da kann man sehen, was Unternehmungen heute bereit sind, an Geld zu investieren in das Können und Wissen, in die menschlichen Fähigkeiten der Lieferanten, obwohl der Nutzen zunächst einmal beim Lieferanten gebucht wird. Aber natürlich heißt das: Wenn es auch mein Anliegen ist, daß dort Weiterentwicklung geschieht, weil ich dann als Autohersteller damit rechnen kann, daß die Menschen die technologischen Neuerungen auch zum Beispiel schneller, besser in den Katalysator hineinbauen können, dann kommt die Entwicklung der Lieferanten allen zugute, die von ihnen beliefert werden. Die Lieferanten wissen auch, daß dieses gegenseitige Versprechen für die Beteiligten an dem ganzen Wertschöpfungsprozeß gilt.

Für mich ist das ein ganz wichtiges Paradigma, ein Leitwert für die Entwicklung in die vierte Phase, in diese Assoziationsphase. Die Grundlage für meine Beratungsarbeit sowie auch für meine Lehr- und Forschungstätigkeit an der Universität ist die Geisteswissenschaft, wie sie Rudolf Steiner inauguriert hat und wie sie dann z.B. von Bernard Lievegoed weiterentwickelt worden ist. Ich bin überzeugt, daß heute eigentlich schon ansatzweise die sozialen Gestaltungen da sind, die uns in den nächsten Dezennien ganz sicher intensiv beschäftigen werden. Die Herausforderung ist, über die Integrationsphase diese Assoziationsphase auszugestalten mit originellen anderen Formen, als sie jetzt in Japan praktiziert werden. Es ist für mich klar, daß der Grundgedanke des Assoziierens eines Betriebes – Kunden, Lieferanten – etwas ist, das Rudolf Steiner schon nach der Jahrhundertwende als Vision für das Gestalten des Wirtschaftslebens schlechthin dargestellt hat – die assoziative Wirtschaft.

Heute wundere ich mich selbst darüber, daß ich viele Jahre mit dem richtigen Namen für diese Entwicklungsphase gerungen habe: Wie nenne ich dieses vierte Kind nach der Integrationsphase? Ich hatte – schon vor 20 Jahren in einer ersten Publikation, wo ich Ansätze dieser vierten Phase beschrieben habe (F. Glasl 1975) – erst die Bezeichnung «soziale Phase» oder «makrosoziale Phase» gewählt. Ich war nicht zufrieden, und später dachte ich mir plötzlich: Eigentlich ist das, was sich mit diesen Gestaltungsformen anbahnt, der Keim dessen, was Rudolf Steiner mit der assoziativen Wirtschaft beschreibt. Das wird schon gelebt, nur nicht bei uns! Aber es beginnt schon. Es ist nicht etwas, was von irgendwelchen wirtschaftsfremden oder weltfremden Idealisten moralisierend vorgegeben wird: «Seid doch vertrauensvoll und behandelt eure Lieferanten lieb!» So ist es ja nicht, sondern es hat sich gezeigt, daß diese Form der vertrauensvollen Zusammenarbeit auch das ökonomisch Vernünftigere ist: es kommt mehr heraus für die Kunden und für die Gesellschaft, die ja auch mit den ökonomischen und ökologischen Problemen zu Rande kommen muß. Es kommt mehr raus, es sind schlußendlich weniger Sozialkosten für die Entsorgung und dergleichen. Was eigentlich zu fordern wäre aus moralischen Überlegungen, ist außerdem noch vernünftig. Das kommt ja nicht immer vor …

Die vier Entwicklungsphasen
und die Evolution des menschlichen Bewußtseins

Ich will jetzt die Frage des Unternehmens der Zukunft noch weiter vertiefen: Was machen wir als Menschen, was geschieht mit uns, wenn sich Unternehmungen in dieser Evolution von Phase zu Phase entwickeln? Was wird denn eigentlich von den Menschen bewußtseinsmäßig, haltungsmäßig gefordert?

Ich meine, daß die Herausforderungen an die Menschen am deutlichsten werden, wenn wir diese Evolution der Unternehmung in vier Phasen vor dem Hintergrund der verschiedenen Phasen der Bewußtseinsentwicklung sehen, wie sie Rudolf Steiner in vielen Schriften beschrieben hat.

Auch da baue ich auf das, was Lievegoed und das NPI-Institut für Organisationsentwicklung (in Zeist, Niederlande) schon vor 40 Jahren entwickelt haben. Man kann mit der Sprache der Geisteswissenschaft sagen, daß die Geisteshaltung, die Art und Weise, wie ich mit Menschen, mit der Arbeit usw. in der Pionierphase umgehe, nur verstanden werden kann, wenn wir den Ausdruck «Empfindungsseele» verwenden. Es ist dies eine Haltung der Menschen, mit der ich das Geschehen um mich herum direkt sinnlich wahrnehme. Georg Kühlewind umschreibt dies sehr treffend als das «partizipierende Bewußtsein»: Ich tauche eigentlich in etwas ein, in die Welt, und das bildet sich in mir als empfindender Mensch ab. Aber es bildet sich ab, es wirkt in mir nach, ich bin Teil der Wirklichkeit, die ich wahrnehme. Es ist diese *Empfindungsseelen-Haltung*, die für die Gemeinschaftsbildung in der *Pionierphase* den Schlüssel des Verstehens liefert. Die Pionierphase, jede Stammesgemeinschaft und dergleichen sind davon geprägt – so wie alle archaischen Gemeinschaften. Rudolf Steiner hat diesen Bewußtseinszustand als bestimmend für die ägyptisch-chaldäische Kulturepoche beschrieben. Diese archaische Gemeinschaftsform greift ein sozialer Organismus wieder auf. So wie in der Embryologie bereits vergangene Entwicklungsstadien wiederholend nachvollzogen werden, so lebt auch ein Betrieb von der Gründung an hauptsächlich in diesem Empfindungsseelen-Element.

Er gestaltet das aus und muß sich dann irgendwann weiterentwickeln, um den Anforderungen von Kunden, von der

Evolution des Bewußtseins und der Organisationen

1. Empfindungsseelen-Gemeinschaften	2. Verstandes- und Gemüts-seelen-Gemeinschaften	3. Bewußtseinsseelen-Gemeinschaften	4. Vorgriffe auf Geistselbst-Gemeinschaftsformen
direktes Wahrnehmen, partizipierendes Bewußtsein	Wahrnehmung ordnen, deuten, analysieren, vergleichen	Wahrnehmung – Deutung – Bedeutung / Sinn hinterfragen, Metaebene	Organ höherer Intelligenz bzw. Weisheit
Klassische Familie, Stammesgemeinschaft	Vernünftige Regelungen, Normen, System	Zielbezogenheit, Einsicht, Verantwortung – Autonomie – Egoität	Gemeinwohl – Eigenwohl; Schicksalsverbundenheit – Mitleiden; Im Mitmenschen → Christus
Nähe, Sypmathie (und Antipathie),	Distanz, Kraft der Antipathie	Bewußtsein – Selbstbewußtsein – Metabewußtsein	
Wärme	Licht, Luft	Wasser	Erde

Abb. 5: Evolution und Bewußtseinsstufen

Technologie, vom Markt her zu entsprechen. Dann tritt für die nächste Entwicklungsphase eine Seelenhaltung zutage, die prägend ist für die *Differenzierungsphase* und die geisteswissenschaftlich die *«Verstandes- oder Gemütsseele»* genannt wird. Rudolf Steiner zeigt, daß diese Bewußtseinsform in der griechisch-römischen Kulturepoche gelebt wurde. Die Verstandes- oder Gemütsseelen-Stimmung bewirkt, daß ich an die Dinge nicht nur mit der Kraft der Empathie und Sympathie herangehe, sondern vielmehr mit der Kraft der Antipathie. Und sie bedeutet, daß ich bewußt Distanz einbaue, daß ich kühl überlege und nicht nur im Begeisterungsschwung einfach Dinge tue, sondern daß ich zurücktrete und sage: Wie tue ich es eigentlich? Wie können wir es noch besser gestalten? Daß ich also die Fähigkeiten des Vordenkens und Nachdenkens ganz stark einsetze und auf die Vernunft baue.

Mit der *Integrationsphase* wird jetzt gefordert, daß ich die Wahrnehmung deute und über die Bedeutung sinniere, daß ich das hinterfrage und mich auch hinter mich stellen kann und mir kritisch oder zustimmend über die Schulter zuschaue oder zuhöre: Was sagst du da jetzt? Was tust du da eigentlich?

Das Handeln in der Integrationsphase erfordert, daß wir ein Bewußtsein von uns selbst haben, daß wir über uns reflektieren können, reflektieren über Sinn und Unsinn unserer Produkte und Dienstleistungen, über Sinn und Unsinn von Bedürfnissen, auf die wir sozusagen «abfahren», nur um uns daran zu bereichern. Also: Die Ethik des unternehmerischen Handelns wird mit der Integrationsphase zu einer ganz wichtigen Sache, die mit der *«Bewußtseinsseele»* entwickelt wird. Rudolf Steiner stellt dar, daß diese Kulturepoche mit dem 15. Jahrhundert in Europa begonnen hat und in den kommenden Jahrhunderten zur Entfaltung kommen wird. Sie bringt ein wachsendes Ich-Bewußtsein und die Überwindung von geistigen Abhängigkeiten.

Anfang Oktober 1992 hatte ich Bernard Lievegoed (er starb am 12. Dezember 1992) das Konzept der vierten Phase, das überarbeitete Manuskript seiner Kapitel und meiner Weiterführung der vierten Phase geschickt. Und wir hatten dann noch einen kurzen Briefwechsel zur Frage, ob denn nach der Entwicklung einer Organisation zur Haltung der «Bewußtseinsseele» in unserer Zeit noch eine weitere Entwicklungsphase denkbar sei. Darum fragte er mich: «Was siehst du als neuen Schritt im Bewußtsein?» Denn als wir das Integrationskonzept entwickelt hatten, meinten wir, das sei wahrscheinlich die Gestaltungsform für die heutige Bewußtseinsseelen-Zeit, wo die Menschen innerhalb der Organisation in ihrer Bewußtseinsfähigkeit angesprochen und gefordert werden, und wo das seinen Niederschlag findet in einem sinnvollen Handeln zum Kunden, zum Patienten, zum Schüler, zum Markt hin.

Ich antwortete Lievegoed, daß ich vor kurzem einen Vortrag von Rudolf Steiner gelesen hatte, der mir genau das bestätigte, was ich als Konzept der vierten Phase allmählich entwickelt habe. In diesem Vortrag in Düsseldorf vom 15. Juni 1915 beschreibt Steiner, wie wir gerade jetzt am Beginn der Herausforderung des Bewußtseinsseelen-Zeitalters stehen; und weshalb es da notwendig ist, daß wir auch im sozialen Verhalten, im Gestalten sozialer Organismen schon einen *Vorgriff auf eine spätere Bewußtseinsphase* machen müssen, nämlich auf die «Geistselbst-Kultur»; und daß es gar nicht anders geht, wenn wir diese Qualitäten voll entwickeln wollen, als schon etwas zu antizipieren, vorauszugreifen, weil sonst die Bewußtseinsseelen-Haltung zu einer ganz schrecklichen egozentrischen Haltung werden kann.

Wir entwickeln zwar bewußtseinsmäßig das, was gefordert ist, aber moralisch gesehen kann es sein, daß wir auf frühere, bereits überwunden geglaubte ethische Ebenen zurückfallen und nicht zu den neuen ethischen Qualitäten gelangen, die uns zugänglich wären und die gefordert sind. Wir müssen uns sozusagen überfordern, und selbst wenn wir das noch nicht können, müssen wir uns schon an dem orientieren, was über diese Bewußtseinsseelen-Kultur hinausgeht. Rudolf Steiner beschreibt in diesem Vortrag genau die Haltungen, die bei Womack/Jones/Roos in dem Buch über die zweite Revolution in der Autoindustrie als geforderte neue Ethik dargestellt sind. Ich kann mich nicht nur auf unser Wohlsein in der eigenen Firma konzentrieren, sondern ich muß das Wohlsein im Unternehmens-Biotop mitverfolgen. Es muß mein Anliegen sein, auch den Lieferanten zu fördern und zu entwickeln, auch den Kunden zu entwickeln. Wenn es denen schlecht geht, geht es mir schlecht – so ungefähr lautet es bei Womack/Jones/Roos. Rudolf Steiner formuliert das so: Für diese neue Kultur, die neue Bewußtseinshaltung wird es so sein, daß ich auch bis ins Körperliche leide, wenn ich weiß, es gibt da Tote in Soweto, in Johannesburg oder es gibt Tote in Sarajewo oder Hungernde in Kalkutta usw. Das geht uns ganz persönlich unter die Haut. Nur wenn wir das zu einer Fähigkeit machen und uns dahin entwickeln, dann können wir den Bewußtseinszuwachs in der Bewußtseinsseelen-Zeit wirklich bewältigen, ohne daß wir des Nächsten Todfeind sind. Wenn es dem Nächsten schlecht geht, dann kann ich doch nicht gleichzeitig weitermachen wie bisher; seine Not wird in der Geistselbst-Epoche zugleich mein Anliegen sein.

Noch ein weiteres ist für mich ein Leitwert für die Assoziationsphase: Wirklich getragen zu sein von der Verantwortung für den Organismus Erde. Es ist überhaupt nicht mehr provokativ zu sagen: Ihr müßt mal über den Tellerrand und über den Gartenzaun der eigenen bürgerlichen Welt hinausschauen! Es gibt ja interessante Umschreibungen von Weltmodellen unter ökologischen Gesichtspunkten, die folgendes besagen: Wir können die großen ökologischen Probleme nur lösen, wenn wir unsere Erde buchstäblich als lebendigen Organismus sehen, die ganze Erde … (siehe J. Lovelock 1991). Das ist in dem oben erwähnten Vortrag von Rudolf Steiner ein weiterer Kerngedanke. Wir werden auf diese Art, indem wir die Brüderlichkeit mehr und mehr leben, erst hinkommen zu einer ganz neuen Christusbegegnung. Gerade im Wirtschaften, würde ich sagen, gerade im politischen Handeln – nicht nur, wenn ein Gottesdienst zelebriert wird –, gerade da, wo wir mit der Erde, mit ihrer Substanz zerstörerisch oder verantwortungsvoll und pflegerisch umgehen, da sind wir am Leib Christi tätig, da können wir Christus begegnen – oder ihn leugnen! Und wo wir in diesem Bewußtsein mit Materie umgehen, mit den Naturressourcen – das klingt zunächst vielleicht ein bißchen poetisch –, da ist das Arbeiten mit der Materie eigentlich ein Transsubstantiations-Geschehen. Die brauche ich aber, diese Bewußtseinshaltung der künftigen «Geistselbst-Kultur».

Was ich hier meine mit der neuen Grundhaltung als Vorgriff auf die Geistselbst-Bewußtseinsform, das führt zur Bildung neuer Wahrnehmungsmöglichkeiten: Was wir an menschlicher Intelligenz fassen können, kann mehr und mehr zu einer Organtätigkeit werden, um kosmische, höhere Intelligenz zu erfassen. Dadurch kommt man dem Geist dieses Erdenorganismus wahrhaftig näher: Dem Christus, der sich durch das Mysterium des Kreuzestodes mit uns Menschen und mit unserem Planeten verbunden hat.

Ich habe zu Beginn dargestellt, daß die Herausforderungen dieser Zeit mit dem Zusammenbruch der Systeme unserer östlichen Nachbarländer noch lange nicht ausgestanden sind, daß sie uns noch Dezennien beschäftigen werden. Wir dürfen darüber nur keine Illusionen haben, was es wirklich bedeutet, in dieser Zeit der Erschütterung, des Verlierens von festem Boden und zusammenstürzenden Strukturen zu leben. Weil sich zeigt, daß auch kulturell ein Umbruch, ein Wandel stattfinden muß. Ich meine, daß mit dieser Diskussion um «schlanke Unternehmen» neue Leitideen und Werte sichtbar werden, etwas, was uns Zeitgenossen aufrütteln muß in unserer Geisteshaltung. Denn über neue Organisations- und Kooperationsformen in der Wirtschaft vollzieht sich ein Wertwandel, ein Kulturwandel.

Ich kann nicht erneuernd handeln, wenn ich nicht ein anderes Bild des Menschen und ein anderes Verständnis der Natur habe. Ich muß also bisherige Grundannahmen und altgewohnte Denkmuster in Frage stellen und loslassen; ich muß Dinge vergessen, ablegen, abgewöhnen – da gehe ich immer durch die Phase der Unsicherheit. Ich schwebe da, ich habe keinen Boden unter den Füßen.

Darum habe ich gesagt, es käme wie bei einer Feuer- und Luftprobe darauf an, *innere* Stützen zu haben. Ich meine, daß eine der inneren Stützen eben ein spirituelles Verständnis der Evolution ist. Es geht um ein tieferes Entwicklungsverständnis, nicht nur in den Bereichen der Pflanzenwelt, der Tierwelt, sondern vor allem auch in der menschlichen Welt, in der sozialen Welt. Ich halte es für moderne Unternehmen ganz wichtig, daß sie ein Bild davon bekommen, was gefordert wird an Formen der Zusammenarbeit und des Führens, der Begegnung mit Kundinnen und Kunden. Auch wenn ich noch nicht weiß, welches Produkt in fünf oder zehn Jahren Verkaufserfolge haben wird, so ist doch die Art, wie wir produzieren, wie wir unsere Organe empfänglich machen und das lernen, eine ganz wichtige Sache. Dann finde ich nämlich als Arbeitsgemeinschaft die passende Antwort, dann entwickle ich die Antwortfähigkeit, auch wenn ich heute die Antwort noch nicht geben kann. Was mit dieser Unternehmensentwicklung gefordert ist, bedeutet eigentlich, daß ich – ob als Führungskraft oder Personalvertreter oder Politiker oder Mitarbeiterin und Mitarbeiter – drinnen lebe in einer Organisation, die sich in dieser Entwicklung befindet. Ich muß verstehen, daß es auch auf mich ankommt, ob ich das mitgestalte oder ob ich mitgerissen werde in einer Entwicklung, die wir vielleicht so nicht wollen. Unternehmensentwicklung ist eine entscheidende Sache für das Gestalten von jeder Art von Organisation, für die Befähigung, Zukunftsfragen anzugehen und zu bewältigen.

Wenn es gelingt, über diese und ähnliche Konzepte so zu handeln, zu gestalten, wie ich es beschrieben habe, dann muß ich mir weniger Sorgen machen. Wenn ich sehe, wie dieses Zusammenbrechen von gesicherten Strukturen, Werten usw. die ganz natürliche Reaktion auslöst: Angst, Wut, Ohnmachtsgefühle, die dann in Gewalt abreagiert werden, dann ist das nicht ermutigend! Die Zunahme des Vandalismus und des Rassismus sehe ich in direktem Zusammenhang mit dem Zusammenbruch gewohnter Vorstellungen und Werte. Viel hängt davon ab, ob es in Arbeitsgemeinschaften, in der Wirtschaft, in der Kultur gelingt, diese Evolution zu denken und zu verwirklichen, um sich als verantwortungsvoller Mitgestalter und Mitträger in dieser Entwicklung zu einer assoziativen Wirtschaft zu sehen.

Was ich mit der Integrations- und Assoziationsphase beschrieben habe, ist genau das Gegenteil von Totalitarismus. Es ist die Möglichkeit, eine Gesellschaftsform für freie Menschen zu verwirklichen. Denn in dieser Zeit der strukturellen Veränderungen wird um das Menschenbild massiv gekämpft.

Aber in der Praxis, nicht in theoretischen Proklamationen wird für die kommende Zeit die Grundlage für Freiheit oder Unfreiheit, für individuelle Verantwortung oder totalitäre Bevormundung gelegt! Wenn ich Mittel und Wege finde, die eigene Unternehmung verantwortungsvoll mitzubetreiben, dann kann ich diese Qualität der Selbstbestimmung, der Selbstverantwortung mehr und mehr aufbauen, entwickeln, verankern und konsolidieren in jeder kleinen Gemeinschaft.

Denn jetzt tobt schon der Kampf zwischen Fremdbestimmung, Determinismus, sogenannten Sachzwängen, und Selbstbestimmung. Wenn wir in der Europäischen Union nicht wachsam sind, droht uns dort ein Wirtschaftstotalitarismus durch Überkommerzialisierung auch des Kulturbereiches, was zu einem Zunehmen der Außensteuerung, der Fremdsteuerung, des Determinismus führt bis zu einer Roboterisierung von Mensch und Gesellschaft. Da besteht ein gefährlicher Trend zu Wirtschaftstotalitarismus oder politischem Totalitarismus.

Die andere, genauso verhängnisvolle Verführung ist natürlich die weltenflüchtige Selbstsucht. Sie bedeutet, sich nicht in die Gemeinschaft stellen zu wollen, nicht in dieser Austausch- und Verantwortungsbeziehung von Individuum und Gemeinschaft zu stehen, sondern zu sagen: Ich steige aus, auf der Schwäbischen Alb gibt es ein Stück Heide, da weide ich meine Lämmer. Denn eine Reaktion der Hilflosigkeit auf die Herausforderungen unserer Zeit ist Aussteigertum, ist Egotrip in vielerlei Formen, ist Ungebundenheit und Unverbindlichkeit – ob sich das mit der einen oder anderen philosophischen Formel so oder so nennt, ist dabei unerheblich. Zwischen diesen zwei polarisierten Positionen findet der Kampf um das wirklich gelebte

Kampf um das gelebte Menschenbild		
Selbstsucht	**Selbstbestimmung**	**Fremdbestimmung**
Ungebundenheit, Lust … Unverbindlichkeit	Freiheit (Selbstentwurf, Selbstgestaltung …) in sozialer Verantwortung	«Sachzwang», «Wirtschafts- gesetze zwingen … » Determinismus
… bis zu Aussteigertum	Individuum und Gemeinschaft	… bis zur Robotisierung von Mensch und Gesellschaft …
… Egotrips	Gemeinschaftsbildung aus der Kraft des eigenverant- wortlichen Individuums	… totalitäre Systeme

Abb. 6

Menschenbild statt! Eigentlich steht dazwischen immer nur die Frage: Gibt es einen Fortschritt in Richtung Selbstbestimmung, Selbstentwurf, Selbstgestaltung, Selbstorganisation, Selbstverantwortung, oder geht es im Egotrip weg von dem, was jetzt die Forderungen der Zeit sind? In diesem Dilemma zwischen Fremdbestimmung und weltflüchtiger Selbstsucht gibt es keine einfache Lösung. Wir alle müssen eine persönliche Entscheidung treffen – und nach der getroffenen Entscheidung müssen wir die gefundene Antwort täglich authentisch leben.

I

Im Anfang war Wald überall.
Die Winde kamen von den Gebirgen her
und vergingen über dem Meer –
ohne Namen verschäumten sie wieder, so
wie sie gekommen waren.
Und aus allem redeten die Gesichter Gottes.
Aus den Bäumen stiegen sie, aus unseren Gesprächen
am Feuer brachen sie auf,
in die Steine waren sie gelegt
und aus dem Himmel trugen sie sich
nieder in Flammen und Tau.

In der Nacht, an die Wände der Hütten gelehnt,
gingen wir in den Liedern aus
bis über die Wolken hin.
Wir grüßten das verschlossene Tor
vor den verlorenen Gärten,
wir tranken von den schwarzen Brunnen aus hohler Hand.
Dann lagerten wir uns im Gras
und schifften uns in die goldenen Felder ein.
So war es am Anfang.

II

Dann stieg der Turm in uns auf.

Zur Ehre Gottes, sagten wir zueinander,
um seinen Namen auszusprechen, sagten wir, bauen wir
diesen Turm.
Und von den Bergen kamen viele Völker geritten,
auf den Strömen zogen sie herab,
über das Meer trugen sie sich heran.
So begannen die Tage des Weins und
der durchtanzten Nächte.

Aus allen Herzen stieg der Turm auf. Er war unser Werk.
Wir gaben uns seiner Größe hin wie
in den Willen der Gewitter;
wir trugen die Grundfesten ein in unseren Schlaf
wie die Weinkrüge in unsere Keller;
wir zeichneten die Torbögen, die Pfeiler
auf unserer Söhne Stirn mit dem Vatersegen.
In die Himmel mußte der Turm eintreten,
durch die Gewänder Gottes
sollten unsere Hände reichen – wie Kinder
wollten wir uns tragen aus der einen Zeit in die andere.

Und wir grüßten einander im Schatten des Turmes
als Brüder und Schwestern und reichten einander
das Brot.

So begann es, wie ein Gastmahl beginnt.

III

Unter Gesängen und Tanz schlägerten wir die Bäume.
Blüten fielen in den Sumpf, die Rinden faulten ab.
Der Wald veraschte.
Nun zog in unsere Hütten der Rauch und der Feuerschein.
Am Abend waren die Fenster verhängt.
Manche Kinder gingen weinend
über entwurzelte Felsen und sahen
den Reihern nach, die aufflogen
aus dem verstorbenen Wald
und im Blau des Horizontes ertranken.

Wir traten oft auf die Lichtung hinaus,
wo der Platz wuchs für den Turm
und keine Flöte erhob sich mehr
in der Ruste mit dem Abendwind.

IV

Wir fragten jeden beim Legen der Fundamente:
Was ist das Maß der Himmel?

Wir fragten die Priester und Weisen,
wir bedrängten die Meister des Baus.
Aber sieben Antworten gaben sie uns
auf eine einzige Frage.

In den Nächten brüteten über den Hütten der Meister
grau-faulige Nebelschwaden und hüllten
ihre Gesichter in Schleier.
Über den Zelten der Priester
kreisten zänkische Krähen
und die Auguren schauten ratlos
ihren Irrflügen nach.

Im Rat der Alten,
hörten wir sagen,
stoben die Stirnen oft auseinander,
Bücher wurden im Eifer zugeschlagen,
brennende Lichter im Zornlodern umgestoßen,
Weihrauchgefäße
durch Fluchen entweiht.

Was ist das Maß des Himmels,
fragten die Wasserträger
und setzten in bangem Erwarten die Eimer ab.

V

Als wir den elften Mauerkranz
krönen sollten,
brannte plötzlich die Treppe im nördlichen Turm
und ein ungehörter Sturm
zerschlug die Zinnen auf der westlichen Wehr.

Nach Verrat gellte es aus allen Gewölben
und quoll es stinkend ans Licht.

Auf dem Rastplatz schlugen die
Weisen kreischend aufeinander ein.
Priester schleuderten Öllampen ins Feuer
und zerfetzten einander die Feiergewänder
und Weihebinden.

Wir legten hastig Kelle und Axt beiseite
und drängten uns in das Gemenge.

VI

Mitten im Kampfgelage
rissen auf einmal die Rauchschwaden, die Wolken
und Nebel auf;
die Erde erbebte und schütterte zu unserem Rasen.

Unser Arm hielt gebannt
im zerfleischenden Schlagen inne,
der Geifer gefror uns im Gesicht.

Und als sich unsere Zungen lösten,
waren unsere Worte
von unseren Engeln gemieden,
für immer verwaist.

VII

Über harte Pflaster wurden unsere
tastenden Schritte gelenkt,
durch die Gebirge irrten wir, über jegliche Straße,
landauf und landab.
Kinder streunten weinend umher
durch sumpfig-fiebrige Auen
und erkannten die eigenen Eltern nicht mehr.

Doch unser Gott gab uns ein Zeichen:

Nach wievielen Äonen des Grauens
und süchtigen Suchens,
heute schon, wenn unsere Angst bezwungen,
oder morgen – vielleicht beim ersten Blick,
in des Brotbrechens andächtiger Gebärde,
im unachtsamen Trunke –
beim Ergreifen der Hand des stammelnden Greises,
vielleicht im flüchtigen Glück
des erkennenden Schauens
in staunende Augen des Kinds …

werden die Maße
des Himmels zu denen der Erde,
wird uns die Sprache Gottes
Funke für Funke
aus Menschenzungen
geschenkt?

Moralische Intuition
in der Gestaltung und Führung
von Organisationen

Die Aktualität der «Philosophie der Freiheit»

Beim Lesen, Wiederlesen und Überdenken von Rudolf Steiners Buch *Die Philosophie der Freiheit* habe ich mit Erstaunen festgestellt, daß dieses Werk nach 100 Jahren nicht veraltet ist, sondern sogar noch an Aktualität gewonnen hat. Genau wie zum Ende des vorigen Jahrhunderts bewegen dieselben Fragen der Erkenntnis und Ethik auch unsere Zeit. Nur hat sich heute die Tragweite des menschlichen Handelns gefährlich verändert: Was aufgrund wissenschaftlicher Forschung zu tun heute möglich wäre, könnte die Welt dramatisch wandeln – indem durch gewissenslose Anwendung von Ergebnissen beispielsweise der Atomphysik oder der Genforschung gewaltiger Schaden an Mensch und Natur entstehen könnte. Das war vor 100 Jahren in diesem Maße noch nicht der Fall, weil die Zerstörungswirkung technischer Neuerungen noch lokal begrenzt war. Eine Katastrophe ähnlichen Ausmaßes wie Tschernobyl ist hingegen eine Sache, die sofort den ganzen Globus betrifft.

So stellt sich die Frage: Was beschäftigt denn heute die Menschen? Wie wird zur Zeit über menschliche Erkenntnis und soziales Handeln gedacht? Was gilt jetzt in den herrschenden wissenschaftlichen Strömungen als Grundlage ethischen Handelns? Schon diese heute heiß diskutierten Fragen zeigen, daß dieses Werk Steiners – hundert Jahre alt – nicht zum Anachronismus geworden ist, sondern viele aktuelle Themen berührt.

Und was natürlich sehr zu denken gibt, ist die Tatsache, daß dieses Buch aus seiner Zeit heraus für die Zukunft geschrieben worden ist, wie dies Steiner beim Erscheinen der zweiten Auflage nach dem Ersten Weltkrieg immer wieder betont hat. Er wollte den Menschen für die künftigen Herausforderungen etwas auf den Weg mitgeben – also müßte das Werk für unsere Gegenwart bedeutsam sein.

Nun kann ich in meinen Ausführungen nicht zu tief greifen und nicht zu weit ausholen, weil ich in erster Linie zeigen möchte, welches Licht die *Philosophie der Freiheit* auf die Gestaltung und Führung von Arbeitsgemeinschaften, also von Unternehmen oder Verwaltungsbehörden, von Schulen oder kirchlichen Institutionen usw. wirft. Denn dies ist für mich als Forscher, Universitätslehrer und praktischer Unternehmensberater mein berufliches Wirkungsfeld, über das ich aus meiner Erfahrung heraus sprechen kann.

Zu Beginn meiner Ausführungen werde ich auf die erkenntnistheoretische Seite der *Philosophie der Freiheit* eingehen, wie dies ja Rudolf Steiner für sein Werk als Grundlage ethischer Überlegungen notwendig fand. Beim anfänglichen Lesen hatte ich zwar oft Mühe mit der zeitlichen Bedingtheit vieler Formulierungen – aber beim Wiederlesen fand ich, daß trotz der Zeitgeistfärbung der Sprache Steiners die Dinge sehr prägnant ausgedrückt worden sind und daß sie für das gegenwärtige erkenntnistheoretische Ringen große Bedeutung haben. Die zweite Hälfte meiner Auseinandersetzung widmet sich den Fragen der Freiheit, der Sittlichkeit und Verantwortung.

Vor dem Jahr 1900 hatte der technische Fortschrittsglaube bei vielen maßgeblichen Persönlichkeiten zu der Idee geführt, daß man moralische Normen formulieren und universell verbindlich machen müsse. Steiner hatte dagegen eingewendet, daß auf diese Weise ein richtig erkanntes Problem falsch gelöst werden könnte, weil Zwangsvorschriften nicht mit moralischer Entwicklung gleichgesetzt werden dürfen.

Wie steht es nun gegenwärtig mit dem Fortschrittsglauben? Nach wie vor gibt es – trotz zunehmender Skepsis und Sorge – einen starken Fortschrittsglauben oder -aberglauben, wenngleich uns die Folgen eines einseitigen technischen Fortschrittes als ökologische Probleme schon deutlich belasten.

Dazu bringe ich einige drastische Zitate von Zeitgenossen. Zum einen sind dies die Neurobiologen Humberto Maturana und Francisco Varela (1987), die berühmten Vertreter des «erkenntnistheoretischen radikalen Konstruktivismus», deren Theorien in den Sozialwissenschaften zur herrschenden Modeströmung geworden sind. Weitere namhafte Vertreter dieser Richtung sind unter anderen bekanntlich die Systemtheoretiker H. von Foerster, N. Luhmann und H. Stierlin. Ihr Erkenntnisverständnis ist dem der Philosophie der Freiheit diametral entgegengesetzt und fordert natürlich zur ernsthaften Auseinandersetzung heraus. Zum anderen ist es der in Deutschland bekannte Buchautor und Berater Gerd Gerken aus Worpswede, der auf dieser Grundlage unter der Bezeichnung «Kinetisches Management» einem für mich äußerst bedenklichen Fortschrittsglauben das Wort redet. Er begründet dies mit seinem Verständnis der «kosmischen Evolution» (Gerken 4-5/1991, S. 1): «Das Kinetische Management überführt die kosmische Absicht der Evolution in diejenigen Realitäten, die wir zuvor erfunden haben.» Und etwas später: «Dadurch ist das Kinetische Management auch an die Evolution des Geistes gekoppelt. Das übliche, heute vorherrschende Management ist dagegen nicht an die Evolution des Geistes gekoppelt. Das Kinetische Management benutzt aber gerade den Geist als vorrangiges Instrument, weil es *ein Management der Erfindung* ist.»

Gerken polemisiert dann gegen die ökologische Bewegung und wertet sie als «Bambi-Ökologie» ab, der er seine sogenannte «Kritische Ökologie» gegenüberstellt (Gerken 4-5/1991, S. 5): «Die Kritischen Ökologen kritisieren die klassische grüne Ökologie als eine von Schuldgefühlen getragene Rückwärts-Ökologie, eine einseitige Reparatur-Ökologie auf Basis einer eher sentimentalen Verklärung der Natur ... ‹Bambi›-Ökologie ... Die Kritischen Ökologen haben ein anderes Verständnis von Natur. (...) Sie wollen keine Selbstanklage, keinen Fortschritt-Verzicht. Sie wollen kein ‹Low Tech› oder ‹No Tech›, sondern die progressive Transformation unserer Technologie, also noch mehr High Tech, Biotech und Gentech.» Dann auf Seite 6: «Die Kritischen Ökologen haben in Verbindung mit den Genforschern das Geheimnis der ‹kosmischen Absicht› entdeckt. Dieser neuartige Begriff sagt, daß die Natur im Grunde immer eine dissipative Dynamik aufweist.» Und schließlich folgert Gerd Gerken (S. 7): «1. Wir dürfen zerstören, 2. Wir sollten es intelligenter tun als bisher. Aus dieser Sicht gibt es im Prinzip keine globalen Öko-Krisen und auch keine Weltuntergangs-Dramatik ...»

Auf weitere Begründungen und Folgerungen Gerkens werde ich später noch eingehen. Aber es ist leicht zu verstehen, daß solche Formulierungen angesichts vieler Vorwürfe gegen Unternehmensleitungen, daß sie zur Zerstörung der Biosphäre beigetragen hätten, willkommene Argumente für die Fortführung ihres weltzerstörerischen Handelns liefern. – Ich habe

Maturana, Varela und Gerken an dieser Stelle angeführt, weil sie exemplarisch sind für ein Denken und ein darauf gegründetes Handeln, das heute tonangebend ist und von sehr vielen Zeitgenossen unkritisch übernommen wird. In der Auseinandersetzung mit ihnen kann sich der Nutzen von Steiners *Philosophie der Freiheit* erweisen.

Das Verwirrende ist, daß sich bei vielen Denkern unserer Zeit – wie beispielsweise bei Gerken, Maturana und Varela und bei New-Age-Autoren – ein Vokabular findet, das mit Steinerschen Begriffen auf den ersten Blick identisch ist. Denn es ist die Rede von «Geist», «spirit», «Spiritualität», «Evolution», «kosmischer Intelligenz», «Intuition», «Denken» usw.; erst bei genauerem Hinschauen zeigt sich, daß damit etwas ganz anderes gemeint ist als bei Steiner.

Wenn Maturana und Varela von «Geist» sprechen, dann ist dies das gemeinsam geschaffene Kulturprodukt sprachlich begabter Organismen (Maturana / Varela 1987, S. 250), aber keine vom Menschen unabhängig bestehende Wirklichkeit. Wenn Gerken über Spiritualität schreibt, dann geht es um die Intelligenz der Menschen, die durch die «Evolution» als «hochkomplexes, dynamisches Spiel vieler Drifts» (Gerken 4-5/1991, S. 7) gesteigert werden soll. Und der von verschiedenen modernen therapeutischen Strömungen vielbenutzte Begriff der «Intuition» wird in der Regel als Irrationalität und Emotionalität der menschlichen Psyche verstanden, als Gegensatz zur Rationalität. Dem menschlichen «Denken» wird grundsätzlich die Fähigkeit zur Wahrheitserkenntnis abgesprochen, weil es nach den Thesen des neurophysiologisch begründeten erkenntnistheoretischen Kontruktivismus nur um subjektive Konstrukte gehen kann, die nach Bernd Schmid (Schmid 1989, S. 50) «durch das Denken, das Erleben und das Handeln der beteiligten Menschen hervorgebracht werden». Und weiter nach

Schmid: «Der radikale Konstruktivismus geht eher davon aus, daß Wirklichkeiten immer stabilisierte Orientierungs- und Erklärungsgewohnheiten von sozialen Systemen sind, die dazu dienen, das Überleben und Leben zu organisieren, aber nichts mit Objektivität zu tun haben.» (Schmid 1989, S. 51).

Diese Begriffe illustrieren, wo sich die wissenschaftliche Auseinandersetzung zur Zeit befindet und wie sie ihre Wissenschaftlichkeit selbst begründet.

Die Aktualität der Erkenntnisfrage

Ich gehe zunächst ein auf die Grundbegriffe der *Philosophie der Freiheit:* Wahrnehmen, Intuition, Denken. Welche Bedeutung haben sie bei Steiner und was ist ihr Erkenntniswert?

Als suchende, forschende und erkennende Person nehme ich einerseits mit meinen körperlichen Sinnen bestimmte Objekte wahr; andererseits verbinde ich diese einzelnen Wahrnehmungen durch mein Denken mit einer anderen Wirklichkeit, mit der Welt der Ideen.

Das besagt eine der Kernthesen aus der *Philosophie der Freiheit* (S. 75/76): «Die einzelnen Tatsachen treten in ihrer Bedeutung in sich und für die übrigen Teile der Welt erst hervor, wenn das Denken seine Fäden zieht von Wesen zu Wesen (…) Im Gegensatz zum Wahrnehmungsinhalte, der uns von außen gegeben ist, erscheint der Gedankeninhalt im Innern (…) Die Form, in der er zunächst auftritt, wollen wir als Intuition bezeichnen.»

Was als Wahrnehmung sowohl sinnlich wie geistig an uns herantritt, wird durch unsere Sinneswahrnehmung quasi «zerstückelt» und verzerrt, weil Auge, Ohr, Tastsinn usw. durch unsere körperliche Organisation eben nur bestimmte Teile oder Ausschnitte der umfassenderen Wirklichkeit aufnehmen können. Das Wahrnehmen allein kann nur einseitig, reduktionistisch, verzerrend sein, weil es immer nur Ausschnitte eines Ganzen erfaßt. Das Wahrgenommene kann eigentlich erst durch den Akt des Denkens in einen Zusammenhang gestellt werden und als etwas Ganzes, als etwas Sinnbezogenes erfaßt werden (S. 76): «Ein Ding erklären, verständlich machen heißt nichts anderes, als es in den Zusammenhang hinein versetzen, aus dem es durch die oben geschilderte Einrichtung unserer Organisation herausgerissen ist …»

Erst Intuition und Denken können Zusammenhänge in Raum und Zeit herstellen und die Sinneszerstückelung wieder zu einem Ganzen machen (S. 99): «Solche Zusammenhänge aber sind die Naturgesetze. (…) Ich bin durch mein Wahrnehmen (…) als Subjekt dem Objekt gegenübergestellt. Der Zusammenhang der Dinge ist damit unterbrochen. Das Subjekt stellt durch das Denken diesen Zusammenhang wieder her.»

Dem Zusammenspiel von Wahrnehmen und Denken wird also nicht grundsätzlich die Möglichkeit objektiven Erkennens abgesprochen, wenngleich ein Mensch in einem ernsthaften Schulungs- und Entwicklungsweg sein Leben lang an der Säuberung der Wahrnehmungsfähigkeit arbeiten muß, wie dies Steiners Nebenübungen oder der achtgliedrige Pfad des Buddha und anderes mehr zum Ziel haben. Und auch das Denken muß sich der wahrscheinlichen und möglichen Korrumpierung durch kulturell tradierte Denkgewohnheiten, durch Wunschdenken, Projektion und Introjektion, Rationalisierungen usw. bewußt werden und einen Läuterungsweg gehen. Was der vorhin zitierte Wirklichkeitskonstruktivismus grundsätzlich als Eigenschaft des Wahrnehmens und Denkens behauptet, ist im Sinne der *Philosophie der Freiheit* durchaus zutreffend für den

Zustand des Denkens und Wahrnehmens, bevor der Weg der strengen und systematischen Selbstläuterung gegangen wird, und trifft noch mehr auf autistische Personen zu! In sozialen Konfliktsituationen kommt es zu Störungen in den gegenseitigen Beziehungen, weil jede Konfliktpartei davon überzeugt ist, daß ihre (subjektiv gefärbte) Sicht der Dinge die Wahrheit schlechthin sei und die Gegenpartei bewußt lügenhaft die Dinge verdrehe (Glasl 1990). Die Theorie des Konstruktivismus beschreibt also treffend pathologische Situationen, bei denen die interessensbestimmte subjektive Wahrnehmung nicht durch ein geläutertes Denken korrigiert wird, das der Logik und Wahrheit verpflichtet ist. Für mich ist es aber wissenschaftlich unzulässig, von pathologischen Wahrnehmungs- und Denkmustern zu behaupten, daß sie für das menschliche Wahrnehmen und Denken grundsätzlich charakteristisch seien.

Diese Art der Beziehung von Wahrnehmen und Denken beschäftigt ja heute die ganze Wissenschaftswelt, gleichgültig ob es um Fragen der psycho-sozialen Therapien oder der Führungs- und Organisationslehre geht, ob um Kernphysik oder gentechnische Forschungen. Die von vielen Wissenschaftlerinnen und Wissenschaftlern heute darauf gegebenen Antworten führen zumeist zu einem erkenntnistheoretischen Neo-Dualismus («Das erkennende Subjekt kann niemals das Ding an sich erkennen, sondern ist von diesem unüberbrückbar getrennt»), oder zu einem Neo-Materialismus, der alles Erkennen nur durch neurophysiologische Gegebenheiten erklären will und für einen geistigen Akt keinen Platz sieht.

Die *Philosophie der Freiheit* hat hierfür vor hundert Jahren einen Weg gewiesen. Ich zitiere daraus zu den Grundfragen der Beziehung Objekt-Subjekt-Wahrnehmen-Denken (S. 105): «Man wird aus dem schon Vorangehenden, aber noch mehr aus dem später Ausgeführten ersehen, daß hier alles sinnlich und geistig an den Menschen Herantretende als Wahrnehmung aufgefaßt wird, bevor es von dem tätig erarbeiteten Begriff erfaßt ist.»

Der oben angeführte radikale Kontruktivismus (Maturana / Varela 1987, S. 258) reduziert Erkennen auf das, was durch die Struktur «des geschlossen operierenden Nervensystems» produziert und in der Kommunikation mit anderen Menschen «hervorgebracht» («ko-definiert») wird. Und weiter: «*Die Erkenntnis der Erkenntnis verpflichtet.* Sie verpflichtet uns zu einer Haltung ständiger Wachsamkeit gegenüber der Versuchung der Gewißheit. Sie verpflichtet uns einzusehen, daß unsere Gewißheiten keine Beweise der Wahrheit sind, daß die Welt, die jedermann sieht, nicht *die* Welt ist, sondern *eine* Welt, die wir miteinander hervorbringen» (Maturana / Varela, S. 263-264).

Was als Geistiges bezeichnet wird, ist nach dieser Theorie nur ein Konstrukt, das wir uns persönlich machen. Steiner stellt dagegen die Erkenntnis der Erkenntnis anders dar (S. 116): «Intuition ist das im rein Geistigen verlaufende bewußte Erleben eines rein geistigen Inhaltes. Nur durch eine Intuition kann die Wesenheit des Denkens erfaßt werden.»

Die Gestaltpsychologie gebraucht oft das folgende Bild (Abb. 7) als Illustration für den Tatbestand, den Steiner mit der Tätigkeit der Intuition und des Denkens umschreibt.

Wenn wir das Bild unbefangen anschauen, sehen wir verschiedene Punkte, Striche mit Zwischenräumen, Dreiecke usw. auf weißen Flächen. Erst wenn wir uns fragen, ob diese Punkte und Striche vielleicht Zeichen für etwas anderes sind, erkennen wir in der Vielfalt der Formen eine Zahl, auch wenn sie nirgendwo deutlich zu finden ist. Da geschieht also noch etwas in uns. Wenn wir hinschauen, bei aller Undeutlichkeit des sinnlich Wahrnehmbaren, dann fügen wir als erkennendes Subjekt diese Punkte und Striche zu etwas zusammen, was für uns Sinn und

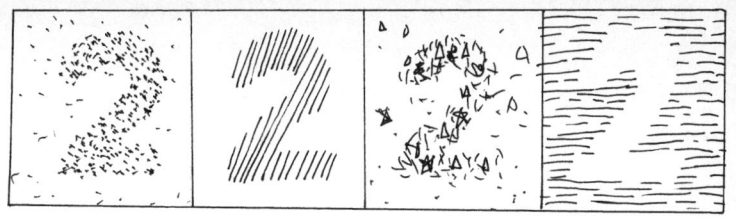

Abb. 7

Bedeutung ergibt. Dies geschieht, weil wir in Ergänzung zur sinnlichen Wahrnehmung auch unser Denken betätigen. Das Zusammenfügen von sinnlich wahrnehmbaren Zeichen, die wir zunächst als unverbunden erleben, zu einem sinnvollen Ganzen, geht nur über die Leistung der Intuition und des Denkens. Konsequenterweise kämen Maturana und Varela nicht einmal zu ihrer Theorie des Konstruktivismus, wenn tatsächlich nicht das Denken in dem Sinne aktiv tätig werden könnte, wie es von Steiner formuliert worden ist. Das zeigt auch ihr Appell an die «logische Buchhaltung» (Maturana /Varela, S. 148), d.h. an eine Logik, die logischerweise nicht selbst das Produkt dieser Konstruktionen sein kann. Auch Maturana und Varela kommen nicht ohne Verweise auf Ideen aus, wie (Maturana / Varela 1987, S. 49 ff.) z.B. die Idee der Organisation, der Struktur, der Autopoiese (Selbsterzeugung von Lebewesen) usw.

Was – nach Steiner – durch die Mannigfaltigkeit der Wahrnehmung in Einzelheiten zerteilt von uns aufgenommen wird, das fügt dann das Denken zusammen. Denn das Denken kann gemäß seiner Natur auch ohne Vermittlung durch sinnliche Wahrnehmungsapparate in die geistige Wirklichkeit eintreten. Das Denken als geistiger Akt ist eigentlich die Kommunion des Geistigen im Menschen mit dem Geistigen in der Welt, weil sie wesensgleich sind. Darum kann das Denken zwischen dem

Geistigen in der Welt und dem Geistigen im Menschen überhaupt die Brücke schlagen. Ich bin ja als Subjekt mit dem Objekt derselben geistigen Wirklichkeit teilhaftig. Das ist der Monismus, von dem Rudolf Steiner später spricht, wenn er seinen Ansatz charakterisieren will. Im Originaltext (S. 75), den ich oben schon zitiert habe, lautet dies bei Steiner so: «Die einzelnen Tatsachen treten in ihrer Bedeutung in sich und für die übrigen Teile der Welt erst hervor, wenn das Denken seine Fäden zieht von Wesen zu Wesen.»

Das haben wir auch beim Betrachten der Abb. 7 getan, als wir die Zahl «zwei» hinter den Punkten und Strichen erkannt haben. Denken heißt demnach nichts geringeres, als einen wahrgenommenen Gegenstand, der durch unsere sinnliche Wahrnehmung notwendigerweise im erkennenden Subjekt zerstückelt worden ist, wieder ganz zu machen. Hier ist es aufschlußreich, die Herkunft des Wortes «ganz» anzusehen: Das englische Wort «whole», althochdeutsch und mittelhochdeutsch «heil», im Niederländischen «heel», bedeutet «ganz, unversehrt, gesund». Denken ist eine holistische, also heilmachende, heilende Aktivität – im Gegensatz zur populären Bezeichnung des Denkens z.B. in der *Gestalttherapie* als «Spinnen», «Phantasieren» oder ähnliches.

Rudolf Steiner zeigt auf, was durch den geistigen Akt des Denkens noch weiter geschieht (S. 99): «Solche Zusammenhänge aber sind die Naturgesetze (...) Ich bin durch mein Wahrnehmen (...) als Subjekt dem Objekt gegenübergestellt. Der Zusammenhang der Dinge ist damit unterbrochen. Das Subjekt stellt durch das Denken diesen Zusammenhang wieder her.»

Das Denken schafft diese Kommunion des Geistigen im Menschen mit dem Geistigen in der Welt und ermöglicht dadurch das Finden von Naturgesetzen, auch wenn diese durch nachfolgende Forschungsergebnisse immer wieder neu formuliert werden müssen. Denn die Erkenntnis ist - wie auch Karl Popper (1957/II, S. 272 ff.) sagt - ein *evolutionärer Prozeß der Wahrheitsfindung*: Wir müssen bisherige Erkenntnisse immer aufs neue bezweifeln und hinterfragen und einer öffentlichen Diskussion aussetzen, um uns in kleineren oder größeren Schritten der Wahrheit zu nähern, selbst wenn wir sie niemals unumstößlich zu erfassen vermögen: «Das bedeutet aber nicht, daß die *Wahrheit* ‹relativ› ist. Es bedeutet nur, daß die meisten wissenschaftlichen Ergebnisse den Charakter von Hypothesen haben, das heißt von Sätzen, deren Begründung unzureichend ist und die daher zu jeder Zeit der Revision offenstehen (Popper 1957).»

Praktische Anwendung der Erkenntnistheorie auf die Beratungsarbeit in Organisationen

Der praktische Nutzen von Steiners Verständnis von Wahrnehmen und Denken kann in der Beratungsarbeit erlebt werden. Zu Beginn der Siebzigerjahre habe ich mit meinem damaligen Kollegen Dirk Lemson am NPI-Institut für Organisationsentwicklung in den Niederlanden eine Selbstdiagnose-Methode entwickelt, die sogenannte «U-Prozedur» (Abb. 8). Sie ermöglicht den Menschen, die in ihrer Organisation angetroffene Wirklichkeit aktiv zu hinterfragen und zu verbessern. Wir müssen erst einen ganz konkreten und überschaubaren Arbeitsablauf auswählen, dem wir dann mit der U-Prozedur auf den Grund gehen. Wir untersuchen mit dem ersten Schritt die Ist-Situation, d.h. die physische Wirklichkeit des *technisch-instrumentellen Subsystems* einer Organisation (Abläufe, Instrumente, materielle Mittel und Anlagen); mit dem zweiten Schritt sehen wir uns an, wie dazu das *soziale Subsystem* beschaffen ist (einzelne Funktionen und Organe, die Eigenschaften der Einzelmenschen, der Führung und Zusammenarbeit, die soziale Architektur der Aufbauorganisation); mit dem dritten Schritt machen wir das *kulturelle Subsystem* bewußt und explizit, nämlich was bisher implizit an Grundannahmen und Grundauffassungen in der Organisation gelebt worden ist.

Zur Frage 1 zum technisch-instrumentellen Subsystem können wir beispielsweise den konkreten Ablauf ansehen, wie sich die Autoren eines bestimmten Buches einmal zusammenfanden, wie sie zusammen gestritten hatten, wann die Idee der Herausgeberschaft aufkam und das erste Gespräch mit dem Verlag stattfand, wie dann die Kapitel erarbeitet wurden und Korrekturen gelesen werden mußten usw. Dieser Arbeitsprozeß wird, so wie er durch PCs, Faxgeräte, Telefone, Papieraustausch und vieles mehr unterstützt wird, ganz ernsthaft rekonstruiert. Bei einer größeren Organisation werden wir gleichzeitig in einigen parallelen Gruppen arbeiten, die später die Ergebnisse austauschen und diskutieren. Es ist äußerst wichtig, daß wir bei dieser Rekonstruktion präzise vorgehen.

Mit Frage 2 untersuchen wir jetzt zum selben Ablauf, wer welche Aufgaben faktisch übernahm, wer welche Einflußmöglichkeiten und Entscheidungskompetenzen hatte und welche Rollen dabei gegenseitig gespielt wurden. Welche Rollen hatte es bewußt oder unbewußt, gewollt oder ungewollt gegeben? Wie paßten diese zueinander? Wie waren die Autorinnen und Autoren, die Helferinnen und Unterstützer miteinander als Menschen umgegangen? Auf diese Weise wird das soziale Subsystem ausgeleuchtet.

Organisationsentwicklung:
«Der Geist im Materiellen wird sichtbar,
der neue Gedanke wirkt ins Materielle hinein!»

Selbstdiagnose und Selbstentwurf durch die «U-Prozedur»
(Glasl / Lemson)

Ist		Soll
1. Wie sind die Prozesse, Arbeitsabläufe? Instrumente, Mittel	**Technisch instrumentales Subsystem**	7. Wie können Abläufe künftig gestaltet werden?

2. … und wie sind dabei Funktionen, Rollen, Führung verteilt?	**Soziales Subsystem**	6. … was bedeutet das für neue Funktionen, Rollen … ?

3. Nach welchen impliziten / tatsächlich gelebten Motti, Maximen läuft dies ab?	**Kulturelles Subsystem**	5. Welche Motti wollen wir für die Zukunft?

 4. Wollen wir das so?

Abb. 8

Die Frage 3 nimmt die Beschreibungen 1 und 2 und vertieft sie: Wir schauen uns selbst wie ein neugieriger und kritischer Journalist aus einem geheimen Versteck zu und versuchen zu erfassen, nach welchen ungeschriebenen Regeln und Prinzipien hier alles so läuft. Dabei kommen wir zu den unausgesprochenen Auffassungen und Handlungsmaximen der Beteiligten. Diese können einzeln als Motto, als Imperativ für das Denken und Handeln formuliert werden, vielleicht so: «Solange noch unverbindlich über ein schönes Buch phantasiert wird, sind alle motiviert dabei – sobald es verbindlich wird und Arbeit erledigt werden muß, machen sich möglichst alle aus dem Staube.» Oder etwa: «Wenn Arbeit verteilt werden muß, warte bis zuletzt mit Deinem Vorschlag, denn es trifft immer die Person zuerst, die einen Vorschlag macht!»

Das könnten die praktizierten Maximen sein, die im Handeln lebenden Motti. Wenn wir ehrlich sind, formulieren wir viele Handlungsregeln, die nicht immer angenehm klingen oder die zu erklärten Prinzipien («Wir tragen alle Lasten gemeinsam!») im Widerspruch sind. Bei der Arbeit mit der U-Prozedur ist es entscheidend, daß wir ehrlich zu uns selber sind und nicht die gelebte Wirklichkeit beschönigen oder rechtfertigend verfälschen.

Die Frage 4 erfordert eine verbindliche Antwort von jedem Ich, das an diesem Gespräch mitwirkt: Wollen wir, daß es so weiter geht wie bisher? Stehen wir zu den gelebten Grundauffassungen, oder wollen wir sie ändern? Sind wir bereit, persönliche Verantwortung dafür zu tragen, wenn sich die Grundsätze nicht ändern sollten? Die aufgeschriebenen Motti werden einzeln angesehen und überprüft, um zu entscheiden, welche erhalten bleiben sollen, welche vielleicht noch verstärkt werden müßten und welche durch neue Motti zu ersetzen sind.

Wir sind über die bisherigen Schritte der Fragen 1 und 2 auf die verdeckte geistige Grundlage der sozialen Wirklichkeit gestoßen, auf das tatsächliche Denken, Fühlen und Wollen einer Gemeinschaft. Selbst wenn wir ganz unterschiedliche Arbeitsabläufe durch verschiedene Gruppen getrennt bearbeiten lassen und die Ergebnisse einschließlich der Frage 4 einander präsentieren, stellt sich immer wieder dieselbe verblüffende Erfahrung ein: Sie fördern auf der Ebene der Frage 3 völlig stimmige Prinzipien als Grundlage der täglichen Praxis zu Tage. Aus diesem Grunde lasse ich am liebsten solche Prozesse untersuchen, die zum Routinehandeln des Alltags gehören, wie in einem Krankenhaus z.B. das tägliche Waschen bettlägriger Patientinnen und Patienten, das Servieren der Mahlzeiten, die Visite des ärztlichen Teams usw. Das Aufdecken der stimmigen Handlungsmaximen löst bei den Betroffenen immer großes Erstaunen aus: Wie ist das zu erklären?

Wir arbeiten durch drei Wirklichkeitsebenen hindurch: physische Wirklichkeit, psycho-soziale Wirklichkeit, geistige Wirklichkeit. Hinter der vielfältigen, sinnlich erfahrbaren Wirklichkeit gibt es also eine geistige Wirklichkeit, die uns erleben läßt, wie alles zusammenhängt. Es ist wie ein Grundwassersystem, das unterirdisch Verbindungen zwischen ansonsten getrennten Teilen der Landschaft herstellt. Wenn ich durch die oberen zwei Schichten hindurchbohre, komme ich immer in denselben «Grundwasserbereich», der bei der Organisation ihr geistiges Fundament ist. Beim Austausch der Teilergebnisse merken die Menschen, daß ihre Aussagen immer wieder ähnlich klingen. Sie könnten beinahe im Chor sprechen. – Die U-Prozedur erlaubt uns, auch in diese dritte Wirklichkeit vorzudringen und darüber ins Gespräch zu kommen.

Und im weiteren Vorgehen erarbeiten wir gemäß *Frage 5* der U-Prozedur, wie jetzt die gewünschten Motti für die Zukunft lauten sollten. Wir gehen also nicht sofort in die Änderung eines konkreten Ablaufes *(Frage 7)*, sondern überlegen uns einen grundsätzlichen Wandel *(Frage 5)* und dessen Konsequenzen für neu zu definierende Funktionen und Rollen *(Frage 6)*. Erst das führt zu Konkretisierung in neu zu konzipierenden Abläufen.

Die Menschen erleben dann, daß nicht der Zufall bestimmt, was am Ende herauskommt, sondern die Haltung der Wahrhaftigkeit der Untersuchenden. Solange einzelne Menschen ein bestimmtes Verhalten verdrehen, vertuschen oder leugnen, weil sie es für sich so «konstruieren» wollen, bekommen sie Widerstände in der Gruppe zu spüren. Die Gruppe praktiziert die «evolutionäre Erkenntnis» als Haltung. Diese geistige Erfahrung ist dann für die beteiligten Menschen nichts Abstraktes oder Akademisches, sondern sie konnten selber praktisch erleben, wie ihre Wahrnehmung dann durch die Intuition und durch das Denken zur Klärung geführt hat.

Die Hybris des Konstruktivismus

Von den Vätern des Konstruktivismus wird oft betont, daß ihre Philosophie gegen jeden Fundamentalismus und Totalitarismus sei. Sie sei vielmehr die Grundlegung einer universellen Haltung der Toleranz, wie sie in demokratischen Gesellschaften erforderlich wäre. Denn diese Philosophie gehe davon aus, daß es überhaupt keine Erkenntnis der Wahrheit geben könne,

1. weil das Nervensystem mit der Außenwelt der Objekte in keiner Austauschbeziehung steht, da es in jedem biologischen Organismus geschlossen operiert,

2. weil wir aufgrund der Funktionsweise des Nervensystems nie davon ausgehen dürften, daß unsere Vorstellungen etwas von den Objekten abbilden (repräsentieren) können, die wir sinnlich wahrnehmen; denn die elektro-chemischen Vorgänge innerhalb des Nervensystems könnten nie und nimmer einen Gegenstand in unser Gehirn und unser Vorstellungsleben transportieren,

3. weil folglich alle Wahrnehmungen, Empfindungen, Vorstellungen und Gedanken zunächst Produkte unseres Innenlebens sind, also Konstrukte, die uns dazu dienen, uns als Lebewesen in unserer Umgebung zu erhalten und anzupassen,

4. weil alle Begriffe, die wir bilden, nur durch die Sprache geschaffen sind, die in einem Prozeß des gemeinsamen «Versprachlichens» von sozialen Systemen erzeugt werden; dadurch sind auch die Begriffe Konstrukte unserer Sinnes-Nervenvorgänge und Konventionen; was wir nicht selber erkannt haben, ist für uns nicht Wirklichkeit; ohne den Erkennenden gibt es keine Wirklichkeit.

Die Begründung dazu kommt aus der Biologie, genauer aus der Neurophysiologie. Einfach gesagt lautet das Argument (sinngemäß nach Maturana / Varela 1987, S. 145 ff., Maturana 1988) gegen jede Möglichkeit der Wahrheit sinnlicher und gedanklicher Erfassung: «Mach Dir keine Illusion! Was du wahrnimmst, hat überhaupt nichts mit dem Gegenstand außer deinem Körper zu tun. Das Nervensystem ist keine Rohrpost, durch die Informationen oder Gegenstände in das Gehirn befördert werden können. Vom ersten sinnlichen Eindruck an, den deine Sensoren von einem Ding gewinnen, wird ja Druck, Wärme, Licht, Klang usw. umgesetzt in chemische oder elektrische Prozesse, die in und zwischen den Neuronen in deinem Organismus stattfinden. Was über diese Nervenbahnen schließlich zu Vorstellungen und Begriffen in deinem Gehirn führt, kann überhaupt nichts mehr mit dem Gegenstand zu tun haben, den deine Sinne wahrgenommen haben. Und wenn du daraufhin zu irgend einem Handeln kommst, finden wiederum ständige Transformationen durch dein Nervensystem statt, bis ein Muskel bewegt wird. Darum kann auch das, was du im Verhalten zum Ausdruck bringst, überhaupt keine Identität mit dem ursprünglich wahrgenommenen Objekt haben.»

Ich stelle dem gerne den folgenden einfachen Vergleich entgegen: Ich habe mit meiner Frau telefoniert und wir haben einander gesagt, daß wir nach 28 Ehejahren immer noch zu unserem «Ja» stehen, weil in unserer Beziehung noch ganz andere Dimensionen der Liebe und Partnerschaftlichkeit sichtbar geworden sind als zur Zeit der Verlobung. Wenn mich der radikale Konstruktivist nach diesem Telefongespräch glücklich lächeln sieht, sagt er: «Sie meinen, daß ihre Frau sie liebt? Nur keine Illusion! Denn was bei Ihnen am anderen Ende des Telefons herauskommt, hat überhaupt nichts mit dem zu tun, was beim Mikrophon hineingesprochen worden ist. Denken Sie doch an die Technik des Mikrophons, die Elektromagneten, die elektrischen Schwingungen, die Telefonleitung, dann die Verstärkung durch Transistoren usw. bis zur Übertragung auf die Membran Ihres Telefonhörers. Das kann doch nicht dasselbe sein!»

Und ich kann entgegenhalten: Die Intention meiner Frau, ihre in einfache Worte gekleidete Liebeserklärung, ist bei mir angekommen, egal, ob sie per Telefon, Fernsehen, Rauchzeichen oder Flaschenpost übermittelt worden ist. Weil die akustischen oder visuellen Zeichen Träger von Worten und Ideen sind, können trotz der technischen Besonderheiten der Übertragung ihre Gedanken und Absichten so bei mir ankommen, wie sie es in etwa gemeint hat. Dazu ist es nicht nötig, daß durch die Telefonleitung biochemische Transporte stattfinden, die uns quasi eine körperliche Begegnung ermöglichen. Weil unsere akustischen Zeichen auf Worte verweisen und diese Worte auf Begriffe, können wir im Telefongespräch in diese Begriffe eintreten, unbeschadet der gebrechlichen Vermittlungstechnologie.

So sehe ich auch das Zusammenspiel der körpergebundenen physisch-sinnlichen Wahrnehmung mit der geistigen Aktivität des Denkens. Ohne die von Steiner so beschriebenen geistigen Akte des Denkens würden wir alle solipsistisch in unseren Körpern zeitlebens in Einzelhaft gefangen sein.

Die letzte Konsequenz der konstruktivistischen Sicht auf Wahrnehmen und Denken ist, daß wissenschaftliche Forschung sinnlos wird. Wenn es keine Annäherung an die Wahrheit gibt, sondern höchstens einen relativierenden Austausch unserer Ansichten, können wir den Forschungsetat aus allen Staatshaushalten streichen. Das würde mit einem Mal riesige Summen einsparen helfen. Wir sehen, wie sich in letzter Konsequenz eine derartige Philosophie grundsätzlich zum Geistesleben in einer Gesellschaft verhält: Das Geistige hat keinen objektiven Realitätsgehalt – darum kann es auch nach Belieben gesteuert werden. Aus Steiners These, daß das Denken eine Annäherung an die Wahrheit erlaubt, leitet sich hingegen ab, daß die Suche nach Wahrheit nicht durch politische oder wirtschaftliche Interessen eingeengt, vorbestimmt oder zensuriert werden darf, weil sonst das Geistesleben seine innovative Kernfunktion in der Gesellschaft nicht erfüllen könnte. Das Geistesleben wird dadurch vielmehr zur willenlosen Dienerin von Politik und Wirtschaft. Überspitzt formuliert kann man aus dem Konstruktivismus folgern, daß außer meiner Vorstellungswelt überhaupt keine Welt besteht, so wie kleine Kinder oft meinen, daß es in der Welt dunkel wird, sobald sie die Augen schließen.

Diese Auffassung wird in der klassischen Philosophie «Solipsismus» genannt, weil ihre Unterstellung lautet, daß «nur ich bestehe». Und obschon die Väter des Konstruktivismus oft betonen, daß ihre Lehre nicht zum Solipsismus führe, tut sie es unweigerlich doch. Zwar weisen die Konstruktivisten immer wieder darauf hin, daß ja neben mir noch andere Menschen mit ihren Erfahrungen und Begrifflichkeiten bestehen, die logisch miteinander verträglich sein müßten – dennoch können sie innerhalb der Prämissen ihres Denksystems nicht glaubhaft machen, daß vor mir, neben mir und nach mir auch eine Welt bestehen könne, auch wenn es mich als wahrnehmendes Subjekt gar nicht gibt.

Auf den ersten Blick scheint also der Konstruktivismus demokratisch tolerant zu sein, weil er jeden absoluten Wahrheitsanspruch ablehnt und nur relative Wahrheiten zuläßt. – Karl Popper (1957) weist nun sehr treffend darauf hin, daß dies – im Gegensatz zur erklärten Absicht – erst totalitäres Verhalten begründet. Denn wenn es keinen Sinn hat, eine Aussage in einem öffentlichen Such- und Diskussionsprozeß auf ihre Annäherung an die Wahrheit zu überprüfen, entscheidet in der Gesellschaft nur noch eines: Man muß die Macht und Gewalt haben, die eigene Auffassung durchzusetzen! Eine Legitimierung und Widerlegung ist im Grunde ein sinnloses Unterfangen. Diese relativierende Toleranz leistet der nackten Gewalt Vorschub! – Dazu kommt noch, daß ich jede wissenschaftliche Aktivität skrupellos in den Dienst politischer oder wirtschaftlicher Interessen stellen kann und Naturgesetze definieren kann, wie es meinen Interessen am besten entspricht. Wenn ich dafür sorge, daß die von mir so definierten «Naturgesetze» in der Gesellschaft verbreitet und von der Mehrheit geteilt werden, dann sind sie richtig. Hier entlarvt sich die Bescheidenheit des Relativismus als Hybris.

Dazu zitiere ich wieder den bereits erwähnten Berater Gerd Gerken (4-5/1991, S. 2): «Wir haben zum Beispiel lange geglaubt, daß die sogenannten Naturgesetze irgendwie in der Natur verankert liegen, daß die Natur aus mysteriösen Gründen mathematisch organisiert ist. Jetzt beginnen wir einzusehen, daß diese mathematische Ordnung von uns selbst in die Natur hineinprojiziert wurde, daß wir sie nicht entdecken, sondern bestenfalls wiederentdecken.» – Wir sehen, daß dies im Sinne des Konstruktivismus schlüssig gedacht ist. Die Wissenschaften haben uns demnach eigentlich einen üblen Taschenspielertrick vorgeführt: Sie haben das Kaninchen des selbstgemachten Naturgesetzes in die Natur hineingesteckt, um es dann – ei! ei! – als Entdeckung eines Gesetzes wieder herauszuholen! Gerken schreibt weiter in Anlehnung an Vilém Flusser: «Wenn wir darauf kommen, daß das Gesetz des freien Falls der geometrischen Progression gehorcht, weil diese eine Kategorie unseres Denkens ist, können wir uns die Aufgabe stellen, es ebensogut anders zu machen.» – Hier sind wir Zeuge des Sprunges von der relativierenden Bescheidenheit zur Vorstellung der menschlichen All-Machbarkeit! – Wir lesen dann weiter bei Gerken: «Es ist ja nirgendwo gesagt, daß die Naturgesetze genau so sein müssen, wie wir sie schon formuliert haben. Wir können ja andere Naturgesetze machen. Wir können alternative Ordnungen herausfischen. (…) Die Ordnungen sind so, wie ich sie will. Und ich mache sie mir so bequem wie möglich. Kopernikus ist nicht wahrer als Ptolemäus, sondern lediglich bequemer. Soweit Vilém Flusser.» Und schließlich (S. 16): «Wir erkennen also, daß die Evolution des Geistes (z.B. in Form einer Verbesserung unserer Ethik) direkt verbunden ist mit der Fähigkeit der Manager, die Welt zu verbessern … zu verbessern durch Zukunfts-Management … zu verbessern durch Mega-Mut.»

Gerkens eigener Ausdruck «Mega-Mut», d.h. Übermut, enttarnt seine eigenen Thesen tatsächlich als Hybris, als maßlose Selbstüberschätzung und Anmaßung. Naturgesetze sind völlig der menschlichen Machbarkeit anheimgestellt. Und weil Gerken das so sieht, bekämpft er christliche Ethik als Gedankengut, das nur durch Schuldgefühle lähmend wirke, und propagiert eine «neue Werte-Ethik der freien Spiritualität» (S. 14), weil das Wirtschafts-System nie durch Ethik steuerbar ist, sondern nur durch sich selbst: «Die Moralität des Marktes besteht gerade darin, keine Moral zu haben» (S. 17).

In meiner Arbeit mit Führungskräften sowie mit deren Mitarbeiterinnen und Mitarbeitern mache ich gerne Übungen in der Betrachtung der Natur. Zusammen mit Jürgen Dillmann, der als Gartenbaulehrer der Salzburger Waldorfschule ein gediegener Fachmann der Pflanzenkunde ist, lassen wir die Menschen einzelne Pflanzenblätter – z.B. des Klatschmohns (Bockemühl 1973) – studieren und aufgrund eigener Gesichtspunkte nach Gruppen ordnen. Beim Ordnen kommen die Menschen immer darauf, daß bestimmte Blätter irgendwie zusammengehören und Gruppen bilden, daß aber dann gewisse Sprünge vorliegen, die für die Zuordnung Rätsel aufgeben. Und genau da entdecken sie, daß ihr Denken Muster und Merkmale erfassen kann, die wirksame Gestaltungsprinzipien in der Natur sind. – Das Befreiende und Wohltuende dieser und ähnlicher Übungen ist, daß die Menschen entdecken, daß ihnen die Wahrnehmung Elemente heranträgt, die zusammen mit dem Denken Einblicke in Naturzusammenhänge gewähren, die nicht konstruiert oder willkürlich phantasiert sind. Sie führen vielmehr auf den Boden geistiger Tatsachen und nicht in die Luftschlösser von Hirngespinsten. Dieses Erleben gibt den Menschen ein Gefühl des Vertrauens: Die Welt ist nicht zufällig, willkürlich und chaotisch! In der Biologie gelten nicht grundsätzlich andere Gesetze als in der Astronomie, in der

Musik oder in den Entwicklungsphasen des Menschen! Es gibt Zusammenhänge in der Welt und ich als Mensch habe teil an ihnen. Wir treten über das Denken in eine Welt ein, die universelle Gültigkeit haben kann, wenn es uns gelingt, unsere Wünsche und Interessen, unsere Gewohnheiten und Bequemlichkeiten hintanzustellen. In diesen Übungen können wir die notwendige Polarität von Körper und Geist erleben, von Wahrnehmen und Denken, von Teil und Zusammenhang. Und wir können erfahren, wie diese Polaritäten keine polarisierten Trennungen sind, sondern durch seelische Aktivitäten der Menschen fruchtbar zusammengeführt werden können. Denn das Wahrnehmen und das Denken müssen vom menschlichen Willen aktiviert werden, der von einem Ich geleitet wird. Das Ich als geistiger Wesenskern des Menschen kann über das Denken mit dem Geistigen in der übrigen Welt «kommunizieren», d.h. in Gemeinschaft sein.

In der modernen Computertechnik erregt «Cyberspace» sehr viel Aufsehen. Damit ist es möglich, daß wir über eine Bildschirm-Brille das simulierte Bild eines dreidimensionalen Raumes sehen können. Sobald wir den Kopf nach links drehen, werden diese Bewegungsimpulse über Sensoren auf den Rechner übertragen, der uns dann ein Bild liefert, als würden wir jetzt mehr die linken Teile des Raumes sehen. Wenn wir einige Schritte machen, setzt der Rechner diese Bewegung in eine Veränderung des Bildes um, als würden wir in den Raum eintreten. Mittels Armbewegungen können wir die Illusion eines Fluges durch diesen Raum schaffen usw. Flugsimulatoren fürs Pilotentraining sind u.a. Cyberspace-Maschinen.

Wenn ich mich nun auf den Standpunkt des radikalen Konstruktivismus stelle, ist nicht mehr zu unterscheiden, warum eine solche Simulation des «virtuellen Raumes» weniger Wirklichkeit sein soll als jegliches andere Bild, das meine Phantasie auf den Bildschirm meiner Vorstellung projiziert. Ob ich mir ein Glas Wasser vorstelle oder ob es tatsächlich vor mir steht, ist ein und dasselbe. Es gibt keinen Unterschied zwischen Wahrnehmung und Wahn. Wenn ich bestimmte Probleme nicht lösen kann, wenn die Welt auch ökologisch zugrundegegangen ist, können wir über Cyberspace die herrlichsten Ferienreisen in vorgezauberte Naturlandschaften machen. Es ist deshalb logisch, wenn Gerd Gerken die Entwicklung des Cyberspace als Kulturdroge sehr begrüßt!

Das Ich-lose Individuum

Die *Philosophie der Freiheit* hat zum Ziel, die Grundlage für ein Höchstmaß an individueller Freiheit und Verantwortung zu schaffen, weil das Ich als geistiger Kern eines jeden Menschen bei entsprechender Entwicklung Zugang zu Erkenntnissen verschafft, die dem sittlichen Handeln als Voraussetzung dienen.

Die Konstruktivisten stehen dem Konzept eines Ich, das eine eigene Seinsqualität hat, ablehnend gegenüber. Darum sagen Maturana/Varela, wenn sie versuchen, das Auftreten eines «Selbst» in der Entwicklungsgeschichte der Menschen und der Menschheit zu erklären (Maturana/Varela 1987, S. 240 ff): «So mögen in der Intimität rekursiver individueller Interaktionen, die das andere Individuum durch eine sprachliche Unterscheidung wie einen Namen personalisieren, die Bedingungen vorhanden gewesen sein für das Auftreten eines *Selbst* als einer Unterscheidung in einem sprachlichen Bereich.» Und später (S. 249) konkludieren beide, «daß es kein Selbstbewußtsein ohne die Sprache als ein Phänomen der sprachlichen Rekursion gibt. Selbstbewußtsein, Bewußtheit, Geist – das sind Phänomene, die in der Sprache stattfinden. Deshalb finden sie als solche nur im sozialen Bereich statt (…) Das zeigt uns auf dramatische Weise, daß es die Sprache ist, in der ein Selbst, ein Ich entsteht (…) als soziale Singularität …» – Das heißt im Klartext: Das Ich besteht an sich nicht, es ist ein Produkt der Sprache, und diese ist gleichzusetzen dem Geist. Varela hat dies im Juni 1994 in einem Interview in Wien (Varela 1994) noch viel drastischer ausgedrückt: «Da gehen Sie durch Ihr ganzes Leben und glauben, Sie haben ein Ich – aber auf der physiologischen und molekularen Ebene ist davon nichts zu finden: Je tiefer man in das Gehirn hineinschaut, desto weniger findet man ein Subjekt, einen zentralen Punkt, in dem alles zusammenläuft …» Und anhand der konstruktivistischen Sicht der Wahrnehmung, wie neurophysiologisch gesehen die Sinneswahrnehmungen zur Vielstimmigkeit der Neuronen konstruiert werden, vergleicht er das Ich-lose Wahrnehmen und Denken mit einer Jazz-Band: «Man kann sich das wie eine Jazz-Band vorstellen, also wie ein Ensemble, das zusammenspielt, ohne Dirigenten, und plötzlich kommen von außen neue Töne herein, die in den Kontext der Musik integriert und von ihm strukturiert werden.»

Der Vergleich mit der Jazz-Band als Illustration der Ich-Losigkeit zeigt sehr treffend, wo der kardinale Mangel des Konstruktivismus liegt. Denn wenn ich mit der Logik des Neurophysiologen Varela jetzt die Jazz-Band hernehme und die Instrumente zerlege, kann ich nirgendwo das Thema finden, das von den Musikern aufgegriffen und moduliert wird. Ja noch schlimmer: Beim Zerlegen der Klarinetten und Trompeten und Klaviere kann ich überall physische und mechanische Elemente finden, aber nirgendwo einen einzelnen Ton! – Wenn ich nach dem Verständnis der Musik suche, indem ich die physischen Instrumente molekular auflöse, finde ich überhaupt keine Töne, keine Musik. Die Töne entstehen erst, wenn ein Musiker mit einer bestimmten Absicht durch seinen Luftstrom ein Blatt etc. in Schwingung versetzt. Und der scheinbar Dirigenten-lose Zusammenklang der Jazz-Musiker kann überhaupt nicht verstanden werden, wenn wir übersehen, daß erst eine Einigung auf eine Tonart, dann auf ein Thema und auf unzählige kompositorische Regeln erfolgt ist. Was das Thema als geistige Realität für die Musik und die Nutzung der Musikinstrumente ist, das ist das Ich als geistige Realität für den Gebrauch des Nervensystems und anderer körperlicher Funktionen für das Denken. Die Musik erklärt sich nicht aus den materiellen Instrumenten, sondern die Aktivität der Instrumente erklärt sich aus der beabsichtigten Musik, so wie das Denken nicht den Geist produziert, sondern der Geist das Denken, und bedient sich dabei der neurophysiologischen Instrumente. Darum ist es auch skuril, das Ich in materiellen Zellen oder Molekülen suchen zu wollen!

An diesem Beispiel kann aber nachempfunden werden, daß der Konstruktivismus als materialistische Philosophie in den eigenen Prämissen gefangen ist. Dennoch plädieren Maturana / Varela am Ende ihres grundlegenden Buches als Konsequenz ihrer Erkenntnistheorie für eine Ethik der Liebe, weil hinter allem Sozialen die Liebe stehe. Ohne Liebe würden wir einander im Sozialen gar nicht tolerieren oder aufsuchen, ohne Liebe würden wir nicht unsere Vorstellung sprachlich untereinander austauschen. Und es freut mich, daß ich an dieser Stelle einem Gedanken von Maturana und Varela auch einmal zustimmen kann!

Bei der Betrachtung der sittlichen Grundlage menschlichen Handelns scheiden sich wieder die Geister. Die Folgerungen, die Gerken aus seiner Weltsicht für das Handeln zieht, haben in meinen vorhergehenden Ausführungen bereits an mehreren Stellen angeklungen. Wir haben gesehen, daß es nach seinem Verständnis um das Verwirklichen dessen geht, was er als «kosmische Absichten der Evolution» ansieht, nämlich die menschliche Intelligenz ohne Rücksicht auf Verluste zu steigern: Die Ethik der Zukunft ist es, keine Ethik zu haben! In Anlehnung an Niklas Luhmann schreibt Gerken (4-5/1991, S. 19): «... daß es zu Recht einen wachsenden Zweifel an der Richtigkeit von Ethik und Moral gibt. Man wisse heute immer weniger, ‹ob die Unterscheidung von gut und schlecht ihrerseits gut oder nicht vielmehr schlecht ist› ... Wie Luhmann meint, ist es gerade die Aufgabe dieser ‹neuen Ethik, den Anwendungsbereich der Moral einzugrenzen, ja ihre vordringlichste Aufgabe ist es, vor Moral zu warnen›.»

Der zitierte Konstruktivismus sieht als Quelle des sozialen Handelns die Anpassungs- und Lebensinteressen eines Individuums oder einer Gemeinschaft und empfiehlt ein gegenseitiges Kommunizieren, Aushandeln und Abstimmen, indem vermeintliche Gewißheiten immer wieder in Frage gestellt werden. Doch bleibt letztlich – wie Karl Popper aufgezeigt hat – paradoxerweise die Gewalt als Mittel, um bei anderen Menschen den eigenen Willen durchzusetzen!

Wenn sich eine Theorie auf den Standpunkt stellt, daß jedes Erkennen durch den physischen Organismus bestimmt wird, dann können auch die Impulse des Handelns nur aus der körperlichen Organisation kommen. Das bestätigen bis zu einem gewissen Grade auch die Alltagserfahrungen. Wenn ich ein

Käsefondue gegessen habe, ist mir anders zumute und habe ich andere Handlungsneigungen, als wenn ich etwas Leichtes gegessen habe. Die körperlich bedingte Triebfeder wird als die bestimmende Kraft des Handelns angesehen.

Rudolf Steiner setzt wieder bei der Polarität von körperlicher Organisation des Menschen und seiner geistigen Wesenheit an. Aus dem Körper wirken Triebfedern des Handelns, denen von der geistigen Wesenheit die Vorstellungen und Motive des Handelns entgegengestellt werden (S. 118): «Für den einzelnen Willensakt kommt in Betracht: das Motiv und die Triebfeder. Das Motiv ist ein begrifflicher oder vorstellungsmäßiger Faktor; die Triebfeder ist der in der menschlichen Organisation unmittelbar bedingte Faktor des Wollens.» Unser Handeln kann natürlich nur von den körperlichen Triebfedern bestimmt werden. Dann handeln wir unbewußt oder halbbewußt, instinktiv, triebhaft. Aber es ist auch möglich, daß wir durch geistig-seelische Schulung in unserem Handeln immer mehr von den Vorstellungen und Begriffen geleitet werden. Wo letzteres der Fall ist, sind die Motive der Sittlichkeit Vorstellungen und Begriffe (S. 121/122): «Wenn wir unter dem Einflusse von Intuitionen handeln, so ist die Triebfeder unseres Handelns das reine Denken … Denn was hier als Triebfeder wirkt, ist nicht mehr bloß ein Individuelles in mir, sondern der ideelle und folglich allgemeine Inhalt meiner Intuition … Die Motive der Sittlichkeit sind Vorstellungen und Begriffe.»

Für meine Arbeit mit Menschen in ihren Organisationen bedeutet der Begriff der moralischen Intuition sehr viel. Das will ich an praktischen Arbeitsmethoden ein wenig illustrieren.

Ich lege besonderen Wert auf das Erarbeiten von Zukunftsvisionen, indem ich Menschen einzeln und in Gruppen an den folgenden Fragen arbeiten lasse: Was wollen Sie beruflich und privat in 12 oder mehr Jahren verwirklicht haben? Wovon träumen Sie? Wofür möchten Sie eigentlich leben – persönlich wie in Ihrer Funktion in der Firma? – Das inspiriert die Menschen, bestimmte Bilder zu imaginieren und diese zu notieren. Darin liegen – zunächst noch keimhaft vage – die moralischen Intuitionen der Menschen, die in späteren Schritten mehr Kontur bekommen. – Dann stelle ich eine große Spannung dieser traumhaften Wunschbilder und Zukunftsahnungen zur Vergangenheit her und frage: Blicken Sie zurück auf die vergangenen sieben Jahre: Welche Veränderungen haben Sie an sich und in ihrer Umgebung wahrgenommen? Welche Tendenzen zeichnen sich rückblickend dabei ab? – Auch diese Frage wird zuerst einzeln beantwortet; dann werden in kleinen Vertrauensgruppen die Antworten untereinander ausgetauscht und im Gespräch vertieft. – Danach blickt jede Person auf Ihr Können in der jüngsten Vergangenheit zurück: Was ist Ihnen gut gelungen? Was ist ganz oder beinahe schief gelaufen? Welche Fähigkeiten nehmen Sie aus der Vergangenheit mit in die Zukunft? Was verdanken Sie ihrer Körperlichkeit? – Die weitere Frage gilt den Appellen, die von den wichtigsten Personen in Ihrer Umgebung, die ein lebhaftes Interesse daran haben, daß Sie sich weiter entwickeln, an Sie ergehen: Was wünschen sich diese Personen von Ihnen?

Nun geht es nicht darum, daß Sie als total außengelenkte Person einfach das tun, was sich andere von Ihnen wünschen, sondern daß Sie sich damit auseinandersetzen, um daran Ihr eigenes Wollen zu klären. – Denn der nächste Schritt in der Zielfindung lautet: Beschreiben Sie weiter begrifflich und bildhaft, wie die von Ihnen angestrebte Zukunft in zwei Jahren aussehen könnte, wenn alles nach Wunsch geht. Das erfordert moralische Phantasie. Und das wird dann noch weiter konkretisiert, indem die Frage gestellt wird: Was für konkrete Schritte unternehmen Sie in den nächsten Tagen? Morgen schon?

Darauf folgt dann im Gruppengespräch die sogenannte «Rüttelstrecke»: Die Gruppenmitglieder bringen gegenseitig alle möglichen Hindernisse und Ausflüchte ein, welche die Verwirklichung dieser Absicht vereiteln könnten. Die Gruppenmitglieder lassen also den eigenen inneren Saboteur sprechen. Dadurch ist jetzt moralische Technik gefordert, um anschaulich und konkret zu beschreiben, was man doch tun könnte, um den Hindernissen wirkungsvoll zu begegnen. – So entstehen in einem intensiven Gespräch Vorstellungen und Begriffe der Motive, die für das Handeln leitend sind. Eine Arbeitsgemeinschaft gewinnt viel Kraft, wenn solche Gespräche geführt und die Ziele der Organisation aus den individuellen Intuitionen erarbeitet werden.

Wichtig ist dabei, wie Rudolf Steiner betont, daß wir nicht von Moralkonventionen geleitet sind, die ideologisch z.B. dem «Gesamtwohl», dem «Fortschritt», der «Menschlichkeit» und ähnlichem verpflichtet sind, sondern daß wir erst auf die reine Intuition achten, die von unserem geistigen Wesenskern erfaßt werden kann (S. 124/125): «Das höchste denkbare Sittlichkeitsprinzip ist aber das, welches keine solche Beziehung (FG: zu Gesamtwohl, Fortschritt etc.) von vornherein enthält, sondern aus dem Quell der reinen Intuition entspringt und erst nachher die Beziehung zur Wahrnehmung (zum Leben) sucht ...» Aus den individuellen Impulsen können anschließend durchaus gemeinsame Prinzipien, Regeln, Ziele und Normen vereinbart werden, die verbindlich sind (S. 127): «Das Maßgebende einer intuitiv bestimmten Handlung im konkreten Falle ist das Auffinden der entsprechenden ganz individuellen Intuition. Auf dieser Stufe der Sittlichkeit kann von allgemeinen Sittlichkeitsbegriffen (Normen, Gesetzen) nur insofern die Rede sein, als sich diese aus der Verallgemeinerung der individuellen Antriebe ergeben.»

Als Menschen müssen wir also den Mut haben, einen individuellen Weg des Suchens und Fragens zu gehen, nicht irgendwelchen vorgegebenen Normen und plakativen Parolen zu folgen. Dann ist das möglich, was Steiner so formuliert (S. 125): «Die Handlung ist also keine schablonenmäßige, die nach irgendwelchen Regeln ausgeführt wird, und auch keine solche, die der Mensch auf äußeren Anstoß hin automatenhaft vollzieht, sondern eine schlechthin durch ihren idealen Gehalt bestimmte.»

Konfliktpotentiale in Gemeinschaften

Es ist klar, daß diese Formulierungen einen Zustand beschreiben, der als Ergebnis einer weit gediehenen individuellen und sozialen Entwicklung erreicht werden kann. Darum dient er in meiner Arbeit auch als die Streberichtung, als das ferne Reiseziel, an dem sich mein Handeln als Berater messen lassen muß. Es bedeutet, daß dem Individuum sehr viel zugetraut wird. Im Prinzip haben alle Personen dieselben Möglichkeiten, zu Intuitionen zu finden. Darum nennt Steiner diese Vision auch «ethischen Individualismus».

Aber der Realitätssinn gebietet auch zu schauen, wie weit eine Gemeinschaft diesem Anspruch schon gerecht werden kann. Ich kenne – speziell in anthroposophisch orientierten Arbeitsfeldern –, sehr viele Gemeinschaften, die sich dieses hohe sittliche Ziel gesteckt haben und deshalb jegliche Einschränkung der persönlichen Freiheit durch Regelungen in der Gemeinschaft abweisen. Daraus ergeben sich in diesen Gemeinschaften vielfältige Konflikte. Weil ich schwerpunktmäßig auch bei der Bewältigung von Konflikten in Organisationen berate, bin ich diesen Problemen auf den Grund gegangen. Die Konflikte ergeben sich dann aus dem Zusammenwirken mehrerer Faktoren, die ich hier kurz umschreiben möchte:

1. Die Menschen beanspruchen für sich, daß ihre individuellen Intuitionen respektiert werden, sprechen aber gleichzeitig ihren Kolleginnen und Kollegen die Fähigkeit ab, gleichfalls nach bestem Bemühen Intuitionen fassen zu können.

Das manifestiert sich dann in Schulen beispielsweise darin, daß sich ein innerer Kreis bildet, der sich für höher entwickelt hält und sich gegen andere Menschen zur Wehr setzen muß, die in ihrer geistig-seelischen Entwicklung noch nicht für so reif gehalten werden. Diese Haltung des selbstgefälligen «Moralisierens» steht im Widerspruch zu dem Gedanken Rudolf Steiners (S. 131): «Dieser Moralismus versteht eben die Einigkeit der Ideenwelt nicht. Er begreift nicht, daß die Ideenwelt, die in mir tätig ist, keine andere ist, als die in meinem Mitmenschen. (…) Der Unterschied zwischen mir und meinem Mitmenschen liegt durchaus nicht darin, daß wir in zwei verschiedenen Geisteswelten leben, sondern daß er aus der uns gemeinsamen Ideenwelt andere Intuitionen empfängt als ich. Er will seine Intuitionen ausleben, ich die meinigen. (…) Nur der sittlich Unfreie, der dem Naturtrieb oder einem angenommenen Pflichtgebot folgt, stößt den Nebenmenschen zurück, wenn er nicht dem gleichen Instinkt und dem gleichen Gebot folgt.»

2. Die Menschen missionieren gegenseitig, unterstellen aber den anderen unlautere Motive und Triebfedern.

Diese Haltung ist mit dem oben erwähnten Moralisieren verknüpft. Die eigene Haltung wird selbstverständlich als sauber und untadelhaft gesehen, während die Haltung der anderen Menschen naserümpfend wahrgenommen wird. Im Grunde versucht dadurch die Person, die sich auf ihre moralischen

Intuitionen beruft, den anderen Menschen eine heteronome Norm des Handelns aufzudrängen, nämlich das, was sie für jene gut findet. Die Gemeinschaft wird durch derartige Widersprüche und Paradoxien gespalten. Dies ist der Nährboden für eine «heiße Konfliktaustragung» (Glasl 1990, S. 70 ff.).

3. Die Menschen teilen miteinander nicht das Erkenntnisstreben.
Wir können uns auf den Vorrang der individuellen moralischen Intuition eigentlich nur dann berufen, wenn wir unablässig an der Reinigung und Läuterung unseres Wahrnehmens und Denkens arbeiten, individuell wie auch als Gemeinschaft. Das Bauen auf moralische Intuition setzt eben das voraus, was im ersten Teil der *Philosophie der Freiheit* zur Erkenntnis ausgeführt worden ist. Wenn eine Gemeinschaft nicht auch gemeinsam Erkenntnis sucht und forscht, dann können auch die moralischen Intuitionen sehr getrübt sein. Das gemeinsam getragene Erkenntnisstreben bedeutet, daß man miteinander periodisch die Wahrnehmungen der Kundenbedürfnisse austauscht und bespricht und überprüft; daß man die Bilder, die vom Funktionieren der Gemeinschaft leben, ernst nimmt und Unterschiede, blinde Flecken, Trübungen und Verzerrungen zum Ausgangspunkt für genauere Untersuchungen macht.

4. Die Menschen beweisen bei Auseinandersetzungen über ihre Wahrnehmungen und deren begriffliche Deutung zu wenig Erkenntnismut.
Wenn unterschiedliche Wahrnehmungen über die erlebte Wirklichkeit einer Gemeinschaft erkennbar werden, dann fehlt es oft am Mut, sich diesen Unterschieden oder Gegensätzen zu stellen. Es kommt zu einer Scheinharmonie und Scheintoleranz, weil man keine Lust, keine Zeit oder keinen Mut hat, miteinander in einer reibungsvollen Auseinandersetzung den Unterschieden auf den Grund zu gehen. Wenn wir uns jedoch

auf moralische Intuitionen berufen, dann müssen wir uns auch einer gegenseitigen konstruktiven, wenn auch harten Prüfung unterziehen können. Das braucht Mut. Viele Gemeinschaften ziehen es dann vor, offiziell die Unterschiede zu akzeptieren, jedoch in Nebengesprächen, beim Klatsch in den Gängen desto mehr die Unterschiede herauszukehren und zu bekämpfen. Dadurch wird in der Regel eine Kultur der «kalten Konfliktaustragung» (Glasl 1990, S. 70 ff.) gezüchtet, die der Feind jeder offenen Wahrheitssuche ist.

5. Aus Idealismus werden soziale Einrichtungen geschaffen, die von ihren Mitgliedern höhere sittliche Reife voraussetzen, als von der Gemeinschaft jetzt gelebt werden kann.
Mit den moralisch besten Absichten werden so permanente Überforderungssituationen geschaffen. Wir können aber nicht – bildlich gesprochen – lange Zeit nur auf den Zehenspitzen gehen, um das hochgesteckte Ziel zu erreichen. Entscheidend ist der durch die Spielregeln und Strukturen einer Gemeinschaft geschaffene Grad der gegenseitigen Abhängigkeit. Je mehr die Menschen voneinander abhängig sind, desto mehr «Geschwisterlichkeit», Bewußtsein und Toleranz wird eigentlich von ihnen gefordert. Eine ethische Überforderung tritt immer dort auf, wo die sozialen Einrichtungen einer Gemeinschaft weit mehr «Geschwisterlichkeit» fordern, als die Menschen auf Dauer zu bringen imstande sind. Dann müssen sich gegenseitige Enttäuschungen häufen und das gegenseitige Vertrauen untergraben. Die anfängliche Stimmung der «Positivschwärmerei», die im gegenseitigen Idealisieren bestanden hat, schlägt um in eine Haltung der «Negativschwärmerei», die zu gegenseitiger Ablehnung und auf die Dauer zum gegenseitigen Bekämpfen führt. Ein Gestaltungsprinzip für Gemeinschaften, die sich auf einen Weg der sozialen Entwicklung begeben wol-

len, sollte deshalb lauten: Der Grad der gegenseitigen Abhängigkeiten darf nur geringfügig höher sein als die Haltung der offenen Begegnung, die von den Mitgliedern leistbar ist. – Manche alternative Arbeitsgemeinschaften gehen von Bedürfnis-orientierten Einkommen aus, weil sie ein Einkommensschema oder dergleichen als unvereinbar mit dem ethischen Individualismus erachten. Dies funktioniert aber nur, wenn die Menschen die unterschiedlichen Kostenstrukturen und Konsumgewohnheiten der einzelnen Mitglieder so akzeptieren können, wie sie eben sind, ohne einander moralisch zu beurteilen. Das setzt ein hohes Maß an Toleranz voraus. Wenn in einer Gemeinschaft mehr als genug Geld da ist, die Einkommen zu zahlen, dann braucht es nicht zu Konflikten zu kommen; wenn aber die finanziellen Mittel knapp sind und eine größere Entnahme aus der gemeinsamen Kasse durch eine Person dazu führt, daß sich die anderen zwangsläufig mehr bescheiden müssen, dann ist ein hoher Grad der gegenseitigen Abhängigkeit gegeben. Und in solchen Situation fängt dann der Ärger über die Kollegen an, die «unsere gemeinsamen Finanzen als Selbstbedienungsladen mißbrauchen», während sich andere in Rücksicht auf die Gemeinschaft beschränken. Der Konflikt läßt dann nicht mehr lange auf sich warten. Er ergibt sich aus der Spannung zwischen den sittlichen Ansprüchen und der tatsächlichen sittlichen Reife, die eine Gemeinschaft im Zuge ihrer sozialen Entwicklung leben kann.

Bisher habe ich die Grundgedanken von Steiners «ethischem Individualismus» als die Richtung dargestellt, an der ich mich in meiner Arbeit im Sozialen orientiere, weil sie meines Erachtens auf eine solide erkenntnistheoretische Grundlage aufbaut. Heute orientieren sich manche Betriebe, Krankenhäuser und Therapeutika, Schulen und heilpädagogische Institute usw. daran. Daß sie danach streben heißt aber beileibe noch nicht, daß sich eine Gemeinschaft von heute auf morgen auf «Freie Sittlichkeit» umstellen kann. Eine Idee eingesehen zu haben befähigt leider nicht, daß wir sie individuell oder in Gemeinschaft sofort leben können. Denn so wie ein Individuum einen Weg des Übens und Lernens einschlagen muß, um auf einem Musikinstrument frei improvisieren zu können und dabei doch Musik zu schaffen, so muß sich auch eine Gemeinschaft als eine lernende Gemeinschaft verstehen (Geißler 1994). Eine Gemeinschaft kann ständig auf das Ziel hin arbeiten, miteinander in der Organisation gute Bedingungen für die Entfaltung der moralischen Intuitionen aller Mitglieder der Organisation zu schaffen – und dennoch kann sie zur realistischen Erkenntnis kommen, daß ihr das erst in Ansätzen gelungen ist. Aber auch wenn ihre gegenwärtige Praxis dem Ideal noch lange nicht entspricht, so stellt dies das Ziel ihres Strebens nicht in Abrede. Eine Gemeinschaft müßte nur bescheiden genug sein zuzugeben, wo sie dazu noch nicht fähig ist und welche Konsequenzen dies für die Gestaltung des sozialen Organismus hat. Denn starkes Konfliktpotential ist gegeben, wenn Gemeinschaften in ihrer Entwicklung den dritten Schritt vor dem zweiten tun wollen. Die Menschen erleben dann ihre Unzulänglichkeiten und ihr Versagen und beginnen, andere dafür als Schuldige zu suchen.

Hier liegt ein kardinaler Punkt in Steiners Denken über sittliches Handeln. Es geht im Zuge der Entwicklung darum, sich übend und lernend die Fähigkeiten zu freier Sittlichkeit zu erarbeiten. Und das bedeutet, daß wir bei den Entwicklungsschritten dorthin durchaus miteinander verbindliche Normen schaffen, die noch keinen unbeschränkten Freiraum für das Leben individueller moralischer Intuitionen gewähren.

Rudolf Steiner faßt dies (S. 135) in die folgenden Sätze: «Der Standpunkt der freien Sittlichkeit behauptet also nicht, daß der freie Geist die einzige Gestalt ist, in der ein Mensch existieren kann. Sie sieht in der freien Geistigkeit nur das letzte Entwicklungsstadium des Menschen. Damit ist nicht geleugnet, daß das Handeln nach Normen als Entwicklungsstufe seine Berechtigung habe.»

Ist mit dieser Formulierung wieder alles relativiert, was davor über den «ethischen Individualismus» ausgeführt worden ist? Nein, es gibt ganz klare Orientierungspunkte für die Entwicklungs- und Reifestadien von Arbeitsgemeinschaften. Bernard Lievegoed und ich haben dazu 1993 das Buch «Dynamische Unternehmensentwicklung» herausgebracht, in dem die vier Phasen der Evolution sozialer Organismen jeglicher Art beschrieben werden. Die Hauptmerkmale sind in kurzer Zusammenfassung im anderen Kapitel des hier vorliegenden Buches dargestellt, darum will ich an dieser Stelle nur aufzeigen, was die vier Phasen der Unternehmensevolution für die Entwicklung hin zur «freien Sittlichkeit» bedeuten.

1. Die Pionierphase einer Gemeinschaft entsteht durch die charismatische und sozialgestalterische Kraft der Unternehmensgründerin oder des Gründers und wird danach – unter Umständen über einige Generationen – von den prägenden Persönlichkeiten im Stile dieser Pionierphase weiter gestaltet und geführt. Diese prägenden Persönlichkeiten wirken durch ihr Vorbild als sittliche Autorität, weil ihre moralischen Intuitionen von ihnen gelebt werden. Die Mitarbeiterinnen und Mitarbeiter der Pionierphase identifizieren sich mit dieser sittlichen Autorität bzw. imitieren sie im eigenen Handeln. Über ihre Empfindungen und Emotionen wird Begeisterung aktiviert und wirkt das Charisma der Pionierspersönlichkeiten in das Vorstellungs- und Willensleben der Menschen in der Organisation. Sie übernehmen Verantwortung aus dem Gefühl der persönlichen Verbundenheit mit den Pionierspersonen.

Die von den prägenden Persönlichkeiten vorgelebte Ethik wird von den übrigen Menschen verinnerlicht – die Gemeinschaft bildet sich rund um dieses Werteverständnis. Und die Gemeinschaft erwirbt durch diese Phase die Fähigkeit, mit den Augen der Pionierspersönlichkeiten die Aufgaben und die Organisation zu sehen und zu ergreifen.

2. Die Differenzierungsphase einer Organisation baut auf rationales Denken als ordnende und steuernde Kraft. Ziele, Zwecke und Werte der Gemeinschaft werden der persönlichen Prägung und auch Willkür entzogen und «versachlicht» als Normen vorgegeben – wie die mosaischen Gesetze, die einfach Gebote und Verbote konstituieren.

Die Differenzierungsphase bringt durch die Sach- und Ordnungsorientierung eine notwendige Veräußerlichung der Sittlichkeit: Ziele, Prinzipien und Normen müssen für alle vernünftig und verstandesmäßig nachvollziehbar sein. So erwirbt die Organisation die Fähigkeit, Wahrnehmung, Gedankenleben und Erkenntnis zu verobjektivieren, weil Ziele und Zwecke, Normen und Spielregeln verstandesmäßig durchdrungen werden müssen. Zur Identifikationsfähigkeit und Nähe der Pionierphase kommt dadurch auch die Fähigkeit zu Distanzierung und Meta-Sicht auf die Gemeinschaft. Die Menschen werden befähigt, Verantwortung nicht aus persönlicher Loyalität mit dem Pionier oder der Gründerin zu leben, sondern aus Einsicht in objektivierte Notwendigkeiten.

3. **Die Integrationsphase** kann auf die Lernergebnisse der beiden vorhergehenden Phasen weiter aufbauen, indem sie Voraussetzungen dafür schafft, daß die Menschen die Ziele und Zwecke, die Prinzipien und Normen des Handelns in gegenseitiger Auseinandersetzung finden und gestalten. Das ständige Bemühen möglichst vieler Menschen in der Organisation, die Nöte und Bedürfnisse der Kunden oder Klienten zu erfassen, läßt sie miteinander suchen und forschen und weckt die moralische Intuition. Aus der Auseinandersetzung in Teams und in anderen Organen ergeben sich verbindliche Vereinbarungen über Ziele und Handlungsleitsätze.

Die *Verinnerlichung* sittlicher Orientierungen der Pionierphase und die *Veräußerlichung* der generellen Normen und Regeln durch die Differenzierungsphase wird in diesen Prozessen des individuellen und gemeinsamen Suchens und Klärens in einer *dynamischen polaren Spannung zum Ausgleich gebracht.* Für diese Dynamik gebrauche ich oft das Symbol der Lemniskate, der «8», die das rhythmische Pulsieren zwischen innen und außen versinnbildlicht.

4. **Die Assoziationsphase** bringt eine grundsätzliche Erweiterung des Bewußtseins- und Verantwortungshorizontes des sozialen Organismus und seiner Menschen. Ziele und Zwecke übersteigen die Organisation, weil die Unternehmen intensiv kooperieren und sich in vielfältigen Formen assoziieren (Womack/Jones/ Roos 1991, Womack/Jones 1994). Sie stellen sich und ihre Fähigkeiten in den Dienst des durchgängigen Wertschöpfungsstroms, der mit der Herstellung von Gütern von der Rohstoffgewinnung

bis zur Entsorgung der unbrauchbar gewordenen Produkte durch viele Organisationen hindurchgeht. Dadurch erfolgt eine Erweiterung des Bewußtseins- und Verantwortungshorizontes zu mondialen Dimensionen, weil die Wertschöpfungsströme vielleicht bei einem Bergwerk in Alaska beginnen und über Teilelieferanten aus mehreren Kontinenten irgendwo in China mit einem Recycling enden. Dieser erweiterte Horizont ist auf das Erfassen der Zusammenhänge und gegenseitigen Abhängigkeiten gerichtet und auf das Gestalten der gemeinsamen Wirkungen. Dadurch muß jedes beteiligte Unternehmen lernen, die Polarität von innen und außen zu einer weiteren «Umstülpung» zu bringen, nämlich zu einem *dynamischen Ausgleich zwischen innen und außen, dem eigenen Unternehmensorganismus und dem «Firmenbiotop»*. (Das «Firmenbiotop» sind die rund um die Wertschöpfungsströme assoziierten selbständigen Unternehmen.) Diese Art zu organisieren und zu führen ermöglicht, daß der Gesamtwertschöpfungsstrom nicht zur Verschwendung oder Zerstörung vorhandener Ressourcen und Potentiale führt, sondern zur Entfaltung und Nutzung der Fähigkeiten im Interesse des Nutzens, den die Unternehmen gemeinsam schaffen.

Immer wieder muß ich betonen, daß dieses Konzept der Assoziationsphase nicht der Traum eines weltfremden Idealisten ist, sondern von zahlreichen Unternehmen schon verwirklicht wird (siehe Glasl/Brugger 1994). Vor dem Hintergrund von Rudolf Steiners Aussagen zur «Wirklichkeit der Freiheit» zeigt sich somit, daß der evolutionäre Weg zur Assoziationsphase zu Erweiterungen der organisatorischen Rahmenbedingungen führen kann. Diese ermöglichen eine Entfaltung der moralischen Intuition im Sinne der «Freien Sittlichkeit» auch in weit größeren Zusammenhängen. Wir müssen nur bedenken, daß dies eine schrittweise Entwicklung ist, die nicht übers Knie gebrochen werden kann.

Immer wieder treten gesellschaftliche Strömungen auf, die durchaus ein friedliches Zusammenleben der Völker wollen. Den Weg dahin sehen sie jedoch über Konstrukte und Zwangsformen der Gesellschaft. Dies führt zu einer totalen Fremdsteuerung und zu einer totalitären Organisation der Gesellschaft, die dem Individuum wenig Raum läßt – aus Angst vor antisozialen Trieben im Menschen. Rudolf Steiner hat mit seiner *Philosophie der Freiheit* schon vor hundert Jahren gezeigt, daß die konsequente Anerkennung der geistigen Wirklichkeit in jedem Menschen die Grundlage für das Verstehen der menschlichen Erkenntnisfähigkeit ist. Und diese Erkenntnisfähigkeit ist auch die Basis für das ethische Handeln, das sich mehr und mehr zu einem Handeln in Freiheit und in persönlich getragener Verantwortung entwickeln kann. Ich habe auch zu zeigen versucht, wohin ein anderes Verständnis des Erkennens führt, wie dies die moderne erkenntnistheoretische Schule des «Wirklichkeitskonstruktivismus» tut. Nach meinem Urteil verstrickt sie den Menschen doch nur solipsistisch in sich selbst und in seine physisch-materielle Wirklichkeit. In weiterer Konsequenz kann das Handeln in der Welt auf Basis des Konstruktivismus zu einem großen «Ego-Trip» führen, wie ich das im erwähnten Ansatz von Gerd Gerken als Gefahr der maßlosen Selbstüberschätzung gezeigt habe. Diesem Szenario stelle ich ein anderes gegenüber.

Rudolf Steiner hat zu Beginn des zwanzigsten Jahrhunderts die Vision einer assoziativen Wirtschaft gebracht. Zur Verwirklichung dieser Vision brauchen wir grundlegend neue Strukturen und Institutionen. Die Wirtschaft wird selbst aktiv werden, solche Formen zu finden und zu erproben. Dazu müssen auch im geistig-kulturellen Leben unserer Gesellschaft wie im politischen Bereich neue Wege beschritten werden.

Es ist mir klar, daß dies ein langer, mühevoller und konfliktreicher Weg ist. Aber viele Zeichen der Zeit weisen darauf, daß die Entwicklung in diese Richtung voranschreitet. Über die ganze Welt sehen wir Emanzipationsbewegungen, die durch das Auf und Ab der Geschehnisse auf Dauer doch zum Abschütteln von Bevormundung, Gängelung und Ausbeutung führen. Es ist dies ein Weg, der zur Freiheit in Verantwortung führt. Wenn sich die Menschen Freiräume erkämpfen, droht zwangsläufig auch die Gefahr einer egozentrischen Anarchie. Sie löst sicherlich unmenschliche Gesellschaftsformen auf, aber für sich schaffen sie noch keine menschenwürdigeren Bedingungen für das soziale Miteinander. Dazu muß auch die Liebefähigkeit als sozial gestaltende Kraft kommen.

Dann kann das gelten, was Rudolf Steiner als Liebe zur Handlung bezeichnete (S. 128): «Ich frage keinen Menschen und auch keine Regel: soll ich diese Handlung ausführen? - sondern ich führe sie aus, sobald ich die Idee davon gefaßt habe. Nur dadurch ist sie *meine* Handlung. (...) Ich erkenne kein äußeres Prinzip meines Handelns an, weil ich in mir selbst den Grund des Handelns, die Liebe zur Handlung gefunden habe. Ich prüfe nicht verstandesmäßig, ob meine Handlung gut oder böse ist; ich vollziehe sie, weil ich sie *liebe*. Sie wird ‹gut›, wenn meine in Liebe getauchte Intuition in der rechten Art in dem intuitiv zu erlebenden Weltzusammenhang drinnensteht; ‹böse›, wenn das nicht der Fall ist.»

Der Weg in eine bessere Welt ist niemals geradlinig, sondern er führt durch ein Labyrinth. Doch so wie Theseus seinerzeit von Ariadne vor dem Betreten des Labyrinths den «roten Faden» bekam, der ihm wieder den Weg aus den Irrgängen zeigen konnte, so brauchen wir die Erkenntnisgewißheit der Intuition und des Denkens; eine Erkenntnisgewißheit, die den Verbindungsfaden von der Individualität zur geistigen Welt darstellt. Das befähigt uns, den Kampf mit unserem eigenen stierköpfigen Minotaurus zu bestehen, dem das Triebleben in den Kopf gestiegen ist und der dadurch Gefangener seiner selbst werden mußte. Dies gelingt uns, wenn wir lernen, die Verantwortung für unser eigenes Denken und Handeln zu übernehmen und zu tragen.

DER FLIEGENDE HOLLÄNDER

Vielleicht hatte er – von des Tages Dunkel betört –,
als er die erdschweren Winternächte durchschlief,
seines Engels eherne Stimme kaum noch gehört,
da sie ihn auf seine weite Reise berief?
Doch er zog aus, weil er – aufschreckend – schlaftrunken meinte,
daß er für immer verstoßen sei: Und er lief
aus dem vertrauten Haus – und fluchte und weinte.

Er hatte sich lange gegen den Sturm gewehrt,
damit dessen Mörderhand ihn nicht ergriffe
und aufhöbe und über die Brandung hätte geführt.
Im Hafen schaukelten seine schwer beladenen Schiffe:
kundig vertaut, daß sich kein Anker lichte
und sie zerschellen ließe am verborgenen Riffe
und ihn und seine Gesellen auf ewig vernichte.

Immer stach er in See vor allen andern, zu frühester Stunde,
als der Monsun auf Segel und Taue noch regnete.
Versiegelt trug er die Ahnung in sich von einem Abgrunde,
an dem er seinem Schatten vielleicht einmal begegnete:
unausweichlich! – In seine Stirn geißelte sich seine Not,
doch aus seraphisch überfließendem Munde
quoll ihm niemals sein erlösendes Zeichen, sein Tod.

Mit salzüberkrusteten Augen am Steuer stehend, ertaubt
und verstockt und für alle Sterne unnahbar und blind,
schon von seinen Matrosen gehaßt und verloren geglaubt
in den dunklen Schluchten der Zeit, tief im Labyrinth
seines Suchens – ward ihm plötzlich von einem unhörbar schönen
Hauch des Todesengels Schwingen der Atem geraubt
und jäh begann sein Herz im Hinüberschreiten zu tönen.

Literatur

Biehal, F. (Hrsg.) (1993): Lean Service. Bern/Wien 1993.

Bockemühl, J. (1973): Vom Lesen im Buch der Natur am Beispiel des Klatschmohns. In: (Zeitschrift) Elemente der Naturwissenschaft, Nr. 1/1973.

Geißler, H. (1994): Grundlagen des Organisationslernens. Weinheim.

Gerken, G. (1991): Evolution goes to Business. In: Gerken Zukunft, Radar für Trends Info-System Nr. 4-5/1991, Worpswede.

Glasl, F. (1975): Selbstdiagnose einer Schule. In: F. Glasl / L. de la Houssaye: Organisationsentwicklung. Bern/Stuttgart, S. 107-120.

Glasl, F. / L. de la Houssaye (Hrsg.) (1975): Organisationsentwicklung. Bern/Stuttgart.

Glasl, F. (1975): Zwänge zu einem neuen Managementdenken? In: GDI-Topics, Brennpunkte Nr. 1/1975, S. 103-116.

Glasl, F. (Hrsg.) (1983): Verwaltungsreform durch Organisationsentwicklung. Bern/Stuttgart.

Glasl, F. (1990): Konfliktmanagement. Ein Handbuch für Führungskräfte und Berater. Bern/Stuttgart.

Glasl, F. (1992): Die großen Konflikte der Gegenwart und ihre Auswirkungen auf die Unternehmen. In: A. Dermuth (Hrsg.), Imageprofile '92, Konfliktmanagement und Umweltstrategien. Düsseldorf etc.

Glasl, F. / B. Lievegoed (1993): Dynamische Unternehmensentwicklung. Wie Pionierbetriebe und Bürokratien zu Schlanken Unternehmen werden. Bern/Stuttgart.

Glasl, F. / E. Brugger (Hrsg.) (1994): Der Erfolgskurs Schlanker Unternehmen. Impulstexte und Praxisbeispiele. Wien/Bern/Stuttgart.

Lievegoed, B. (1974): Organisationen im Wandel. Bern/Stuttgart.

Lovelock, J. (1991): Das Gaia-Prinzip: Die Biographie unseres Planeten. Zürich/München.

Maturana, H. (1988): Ontology of Observing: Biological Foundations of Self Consciousness and the Physical Domain of Existence. In: Conference Workbook for «Texts in Cybernetic Theory», American Society for Cybernetics, Felton, California, October 18-23.

Maturana, H. / F. Varela (1987): Der Baum der Erkenntnis. Die biologischen Wurzeln des menschlichen Erkennens. Bern/München.

Popper, K. (1957): Die offene Gesellschaft und ihre Feinde. Bd. I und II, Tübingen (UTB-Ausgabe).

Schmid, G. (1989): Die wirklichkeitskonstruktive Perspektive – Systemisches Denken und Professionalität morgen. In: Zeitschrift Organisationsentwicklung, Heft 2, 8/1989: 49-65).

Simon, F. (Hrsg.) (1988): Lebende Systeme. Berlin/Heidelberg/New York/London/Paris/Tokio.

Steiner, R.: Die Philosophie der Freiheit. GA Nr. 4. Dornach ¹⁵1987.

Steiner, R. (1915): Gemeinsamkeit über uns – Christus in uns. Ein Vortrag, Düsseldorf 15. Juni 1915. Dornach 1980.

Varela, F. (1994): Das Gehirn funktioniert wie eine Jazz-Band. Interview in: Der Standard (Wien), 21. Juni 1994.

Womack, J. / D. Jones / D. Roos (1991): Die zweite Revolution in der Autoindustrie. Frankfurt am Main/New York.

Womack, J. / D. Jones (1994): Das schlanke Unternehmen: Ein Kosmos leistungsstarker Firmen. In: Harvard Business Manager, Heft 3/1994, S. 84 ff.

Friedrich Glasl
Bernard Lievegoed

Dynamische
Unternehmens-
entwicklung

Wie Pionierbetriebe und
Bürokratien zu Schlanken
Unternehmen werden

220 Seiten mit zahlreichen
grafischen Darstellungen,
gebunden

Grundlage des Buches ist die von Bernhard Lievegoed entwickelte
Theorie der Entwicklungsphasen (1974 in deutscher Übersetzung
unter dem Titel «Organisation im Wandel» erschienen), der Pionier-,
der Differenzierungs- und der Integrationsphase. Friedrich Glasl kon-
frontiert nun das Dreiphasenmodell mit den neuesten Erkenntnissen
der evolutionären Theorien und ergänzt es durch eine vierte Phase,
die Assoziationsphase. Er zeigt, wie die Konzepte «Schlankes Unternehmen» das Denken der Integrationsphase weiterführen.

Das Buch bietet den Führungskräften für ihre heutigen Aufgaben
Orientierung und viele erprobte praktische Hilfen.

Verlag Freies Geistesleben   Verlag Paul Haupt

Willem J. J. Hasper
Friedrich Glasl

Von kooperativer Marktstrategie zur Unternehmensentwicklung

187 Seiten, 30 Abbildungen
und Tabellen, gebunden

Aus der Zusammenarbeit zwischen einem erfahrenen Unternehmens- und Marketingberater und einem führenden Experten der Organisationsentwicklung ist ein eigener Ansatz entstanden, der evolutionistische Konzepte für Mensch, Gruppe, Organisation und Umwelt mit den praktischen Entwicklungsmethoden des Marketing verbindet. Es werden Methoden dargestellt, wie sie in der Organisationsentwicklung bisher noch kaum anzutreffen waren.

Verlag Freies Geistesleben   Verlag Paul Haupt

Friedrich Glasl

Konflikt-
management

*Ein Handbuch für
Führungskräfte und Berater*

6. Auflage
457 Seiten, gebunden

«Gleich vorweg: Endlich ist die Neuauflage dieses Handbuches mit wesentlichen Verbesserungen wieder lieferbar. Das Standardwerk möchten wir nämlich allen Trainern, Weiterbildnern, Beratern und Personalentwicklern ganz besonders ans Herz legen …»

Deutsche Bibliothek

«It is really a brilliant book – I know of no ohther that covers this field so thoroughly and impressively. I learnt a lot from reading it – and there are not many books in German that I manage to get through to the end of! I am sure it has already become the standard text in the German language.» *Prof. Dr. D.T. Jones*

«Das Buch bietet dem theoretisch orientierten Leser eine umfassende Orientierung über den Wissens- und Erfahrungsstand. Wegen seiner gründlichen Beschäftigung mit dem Phänomen ‹Konflikt› muss das Buch bereits heute zu den Standardwerken der deutschsprachigen Konfliktforschung gezählt werden.» *Management-Forum*

Verlag Freies Geistesleben   Verlag Paul Haupt

Praxis Anthroposophie

Verlag Freies Geistesleben

Praxis Anthroposophie

Verlag Freies Geistesleben

Praxis Anthroposophie

Verlag Freies Geistesleben

Praxis Anthroposophie

Verlag Freies Geistesleben

Praxis Anthroposophie

Verlag Freies Geistesleben